BATTENBERG · KLEINE ANTIQUITÄTEN-REIHE

SCHÖNE JAGDGEWEHRE

RICHARD AKEHURST

BATTENBERG VERLAG MÜNCHEN

Vorbemerkung

Der Verlag spricht hiermit allen denen seinen Dank aus, die ihm Zutritt zu ihren Sammlungen gewährten und die Wiedergabe von Sammlerstücken erlaubten:
Herrn W. Keith Neal (Tafel I–VII, IX–XI; Bild 2–7, 10–16, 18, 20–24, 26, 27, 29–39, 41–43, 46); Herrn Richard Akehurst (Tafel VIII, XIV, XIX, XX–XXII; Bild 49, 51, 55, 59, 61, 68, 82, 85, 91, 107); Herrn Frank Anderson (Tafel XVII?, XXIII; Bild 95, 96, 98); Atkin Grant and Lang Ltd. (Bild 92–94); Herrn John Bates (Bild 55, 56, 69); Marquess of Bath (Bild 57, 75); Herrn Gordon Colquhoun (Bild 105, 106); James Purdey & Sons Ltd. (Tafel XXIV; Bild 88).

Ebenso danken Verlag und Autor auch den Herstellern der Photos:
Herrn W. Keith Neal (Tafel I–VII, IX–XI; Bild 1–7, 9–35, 37–43, 46); Herrn C. O'Brien (Bild 105, 106); Herrn Douglas Byles (Bild 57, 75); Herrn C. Crosthwaite (Tafel XII–XXIII; Bild 8, 36, 44, 45, 47–56, 58–74, 76–104, 107, 108).

Welturheberrechte: George Weidenfeld & Nicolson Limited, London

Titelseite: Jagdbüchsen Friedrich des Großen, gefertigt von Sebastian Hauschka, Wolfenbüttel, 1733. (Eine Leihgabe von Georg Britsch, Antiquitäten, Bad Schussenried).

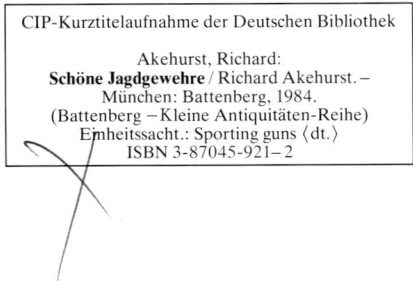

CIP-Kurztitelaufnahme der Deutschen Bibliothek

Akehurst, Richard:
Schöne Jagdgewehre / Richard Akehurst. –
München: Battenberg, 1984.
(Battenberg – Kleine Antiquitäten-Reihe)
Einheitssacht.: Sporting guns ⟨dt.⟩
ISBN 3-87045-921-2

© 1984 by Battenberg Verlag, München
Gesamtherstellung: Spiegel GmbH, Ulm
Umschlag: Herbert Tausend, München

Printed in Germany

Inhaltsübersicht

1 Bauern auf der Entenjagd im Winter
mit Luntenschloßflinten
nach einer Sepiazeichnung von Stradanus, um 1566

ERSTES KAPITEL

Sechzehntes Jahrhundert

Die Handfeuerwaffe war bis zum 16. Jahrhundert soweit entwickelt worden, daß man sie vernünftig handhaben und mit ihr zielen konnte. Bauern und Adel in Europa erkannten schnell die Überlegenheit der Schußwaffe über den langen Bogen für gewisse Jagdarten: die Bauern konnten mehr Niederwild für die Küche erlegen, seitdem ihre Gewehre mit kleinem Schrot geladen waren, der eine vorteilhafte Streuung ergab. Für den Adel, dem die Hohe Jagd zustand, waren das Luntenschloßgewehr und später die Büchse wesentlich wirksamere Waffen als die Armbrust für die Jagd auf Hirsch und Keiler, die damals in den Wäldern Europas noch zahlreich waren.

Der Gebrauch von Schußwaffen zur Jagd auf Niederwild in England wird zuerst in Verordnungen unter der Regierung Heinrich VIII. erwähnt. Da die Bogenschützen bis dahin das Rückgrat der englischen Armee bildeten, hatte die Regierung in früheren Erlassen beabsichtigt, die für sie wichtige Beibehaltung des langen Bogens zu unterstützen, indem sie den Gebrauch von Gewehren ohne besondere Erlaubnis des Königs verbot. Doch um 1537 erkannte man die Vorteile der Schußwaffe auch für militärische Zwecke und stattete eine kleine Truppe damit aus. Die „Guild of Saint George", jetzt bekannt unter dem Namen „The Honourable Artillery Company of London", wurde um diese Zeit gegründet. Ihre Statuten erlaubten den Gebrauch von Gewehren zum Scheibenschießen und zur Jagd auf alle Arten von Wild.

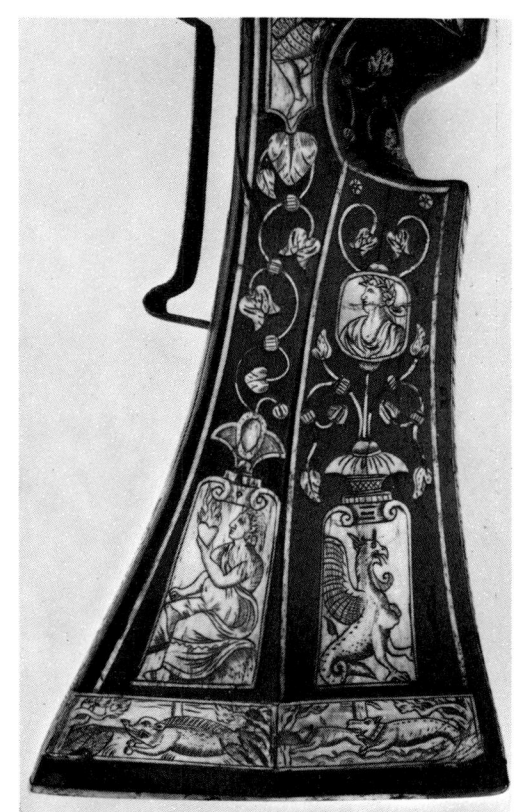

2 Mit Beineinlagen verzierter Kolben einer Luntenschloßflinte

3 Luntenschloß derselben Flinte wie Bild 2, wahrscheinlich holländischer Herkunft, um 1590

Das darin erwähnte Gewehr war die Luntenschloß-Arkebuse. Die Erlaubnis zu solchem nicht-militärischen Gebrauch war zweifellos ein Privileg als Belohnung für erwiesene Dienste. Da sie aber zur Verbesserung der Schießfertigkeit und der Kunst des Anpirschens an scheues Wild beitrug, war sie auch von militärischem Wert.

1542 erhielten auch Bürger und Grundbesitzer die Erlaubnis zum Gebrauch von Gewehren, aber nur um sich im Schießen zu üben. Zur selben Zeit wurde über den weitverbreiteten illegalen Gebrauch von Schußwaffen Klage geführt. Es ist interessant, daß um diese Zeit Forst- und Jagdaufseher den langen Bogen mit dem Gewehr zu vertauschen begannen. Die Verordnung von 1542 legte fest, daß niemand die Jagd ohne königliche Erlaubnis ausüben durfte. Diese Lizenz konnte nur erhalten, wer ein Einkommen von 100 Pfund oder mehr nachwies und die Summe von 20 Pfund hinterlegte. Lizenz und Geld verfiel bei Zuwiderhandlung gegen die Gesetze für Jagd und Schußwaffengebrauch. Trotz dieser scharfen einschränkenden Bestimmungen war der illegale Gebrauch von Gewehren weit verbreitet. Seit Jahren versorgten sich die Leute auf dem Land im Winter mit Niederwild, das in Reichweite ihrer Gewehre kam [Bild 1].

8

Die Läufe für diese Luntenschloßgewehre wurden wahrscheinlich durch die örtlichen Hufschmiede hergestellt, indem Eisenplatten um einen gehärteten Dorn gehämmert und geschweißt wurden. Das einfachste Schloß war der „Serpentine"-Typ, bei dem die Lunte von Hand bewegt werden mußte, während die besseren Schlösser schon eine Abzugsvorrichtung hatten. Der örtliche Zimmermann fertigte wohl die Schäfte, manche waren wahrscheinlich sogar selbstgefertigt.

Man kannte zwei Sorten Pulver: grobes für die Ladung und feineres für die Zündung. Der Schrot, damals als „Hagel" bekannt, wurde aus ausgestanzten dünnen Bleistückchen hergestellt, die zur Rundung in einem eisernen Rohr oder Behälter geschüttelt wurden. Als Pfropfen wurde Werg, Stofflappen oder Papier benützt. Die beim Gebrauch der Waffe ständig brennende Lunte mußte im Luntenhahn immer wieder vorwärts geschoben werden, damit ihre Glut beim Abziehen in die richtige Stellung kam, um das Zündpulver auf der Pfanne zu entzünden, dessen Stichflamme durch das Zündloch im Lauf die Ladung entzündete.

Da der Schuß auf fliegendes Wild nicht in Betracht kam, pflegten die Jäger sitzende Vögel anzupirschen. Sie benützten manchmal besonders abgerichtete Pferde als Deckung [Bild 17], während von anderen Schirme aus Holz oder Tuch verschiedener Form zu diesem Zweck verwendet wurden [Bild 19]. Eine andere weniger waidmännische Technik, die Speisekammer zu füllen, war die Ankirrung der Vögel mit Korn auf Schußweite. Dies waren die Anfänge des Schießsports in England.

Auf dem europäischen Kontinent hatte im frühen 16. Jahrhundert die Erfindung des Radschlosses und gezogener Läufe der Jagd auf stärkeres Wild Auftrieb gegeben. Die Vorteile dieser Erfindung waren zweifach: nun, da die glimmende Lunte weggefallen war, wurde das Pirschen viel leichter, denn das Gewehr konnte sicher und stets feuerbereit gehalten werden; gleichzeitig erhöhten die gezogenen

4 Französisches Pulverhorn, um 1590. Auf der Rückseite König Heinrich IV.

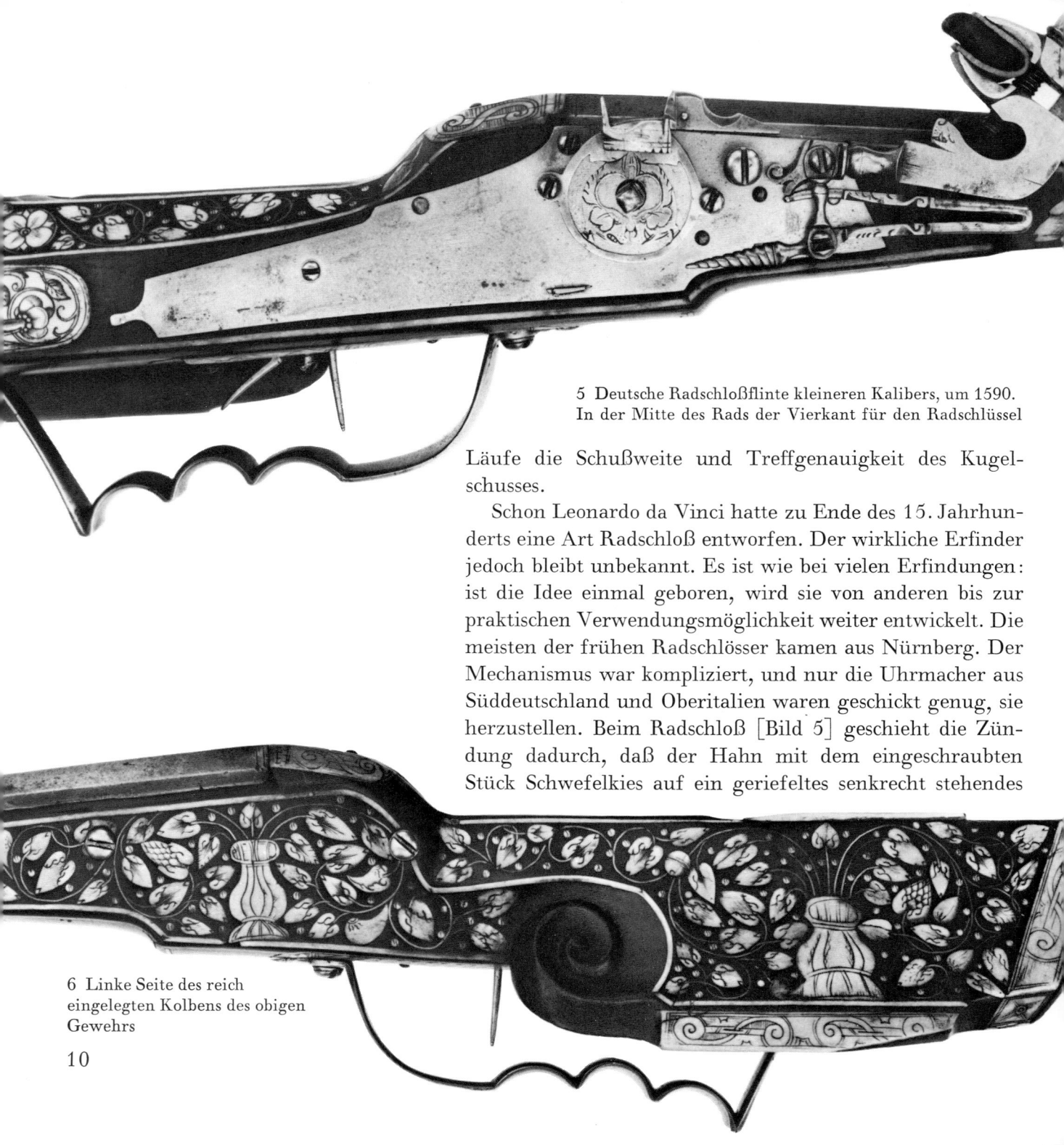

5 Deutsche Radschloßflinte kleineren Kalibers, um 1590.
In der Mitte des Rads der Vierkant für den Radschlüssel

Läufe die Schußweite und Treffgenauigkeit des Kugel-
schusses.

Schon Leonardo da Vinci hatte zu Ende des 15. Jahrhunderts eine Art Radschloß entworfen. Der wirkliche Erfinder
jedoch bleibt unbekannt. Es ist wie bei vielen Erfindungen:
ist die Idee einmal geboren, wird sie von anderen bis zur
praktischen Verwendungsmöglichkeit weiter entwickelt. Die
meisten der frühen Radschlösser kamen aus Nürnberg. Der
Mechanismus war kompliziert, und nur die Uhrmacher aus
Süddeutschland und Oberitalien waren geschickt genug, sie
herzustellen. Beim Radschloß [Bild 5] geschieht die Zündung dadurch, daß der Hahn mit dem eingeschraubten
Stück Schwefelkies auf ein geriefeltes senkrecht stehendes

6 Linke Seite des reich
eingelegten Kolbens des obigen
Gewehrs

10

Rad durch Federdruck gepreßt wird, das mit seinem oberen Rand in die Zündpfanne hineinragt. Das Rad wird mit einem Spannschlüssel [Bild 7] aufgezogen und durch eine Feder in Spannung gehalten. Beim Abziehen schnurrt das Rad ab und reißt Funken vom Schwefelkies, die das Zündpulver in der Pfanne entzünden. Wenn das geladene Gewehr getragen wurde, mußte der Hahn nach rückwärts umgelegt, wo er durch eine Feder festgehalten wurde, und die Zündpfanne bedeckt werden.

König Heinrich VIII. und seine Hofleute benützten Büchsen kontinentaler Herkunft zum Scheibenschießen oder zum „Popinjay"-Sport, dem Schießen auf einen hölzernen, auf einem hohen Pfahl befestigten Vogel. Einige hervorragend verzierte Gewehre dienten mehr dekorativen als praktischen Zwecken. Der englische Landadel aber jagte immer noch Hirsch und Hasen zu Pferd und mit Hunden.

Auf dem Kontinent war eine interessante kleinkalibrige Radschloßbüchse konstruiert worden, und zwar in Teschen, daher ihr Name „Tschinke" [Bild 8]. Diese Tschinken wurden häufig zur Jagd auf Fasanen benützt, nachdem diese von Hunden auf die Bäume getrieben worden waren. Da nur eine kleine Kugel mit geringer Ladung verschossen wurde, konnte man den kurzen Kolben bequem an die Wange anlegen, ohne starken Rückstoß befürchten zu müssen, der von dem Gewicht der Büchse aufgefangen wurde [Tafel II].

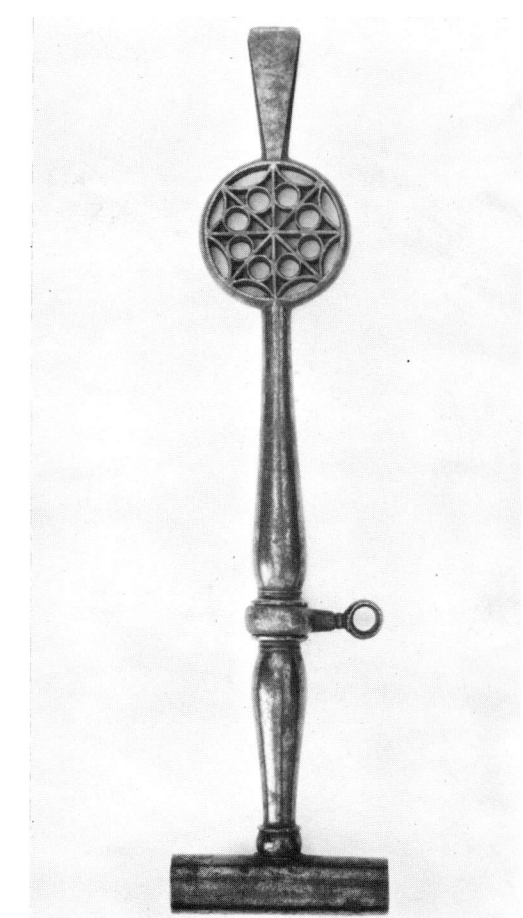

7 Spannschlüssel für ein deutsches Radschloß, um 1600

8 Radschloß-Tschinke böhmischen Ursprungs (Teschen), um 1650. Bemerke die außenliegende Hauptfeder

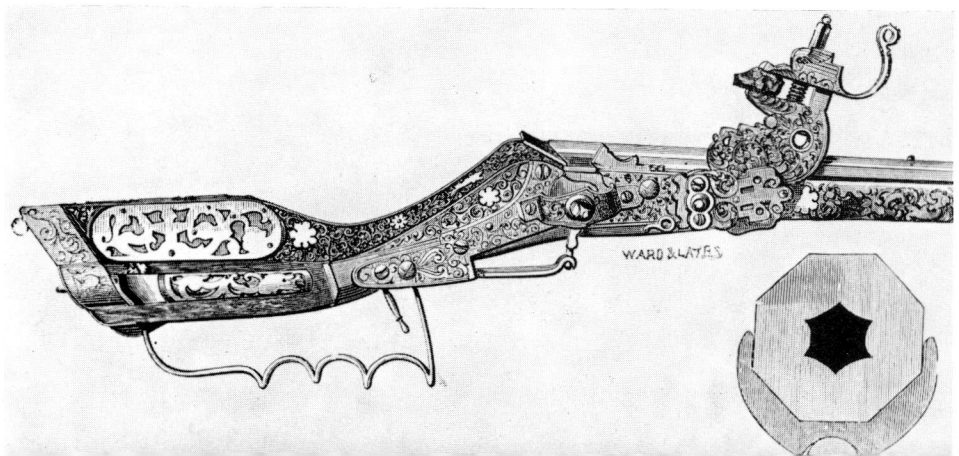

To the Honourable Thomas Fairfax Esq? eldest Son of y̆e
R.t Hon.bl Henry Lord Fairfax of Denton in York:shire.
This Plate is humbly Dedicated by Richard Blome.

ZWEITES KAPITEL

Siebzehntes Jahrhundert

Im England des 17. Jahrhunderts diente die Jagd auf Flugwild in erster Linie dazu, den Kochtopf zu füllen, und für diesen Zweck wurden schwere langläufige Gewehre benützt. Landleute und professionelle Wilderer mußten sich so nah wie möglich an die größte Gruppe von Vögeln heranpirschen, die sie auffinden konnten. Damit hatten sie die besten Aussichten auf Beute mit dem geringsten Aufwand für Pulver und Blei. Diese Jagdart war im ganzen Jahrhundert üblich; die Restauration der Monarchie im Jahr 1660 brachte den Beginn des Schießens als Sport: König Karl II. und seine Hofleute hatten während ihres Exils in Frankreich Geschmack am sportlichen Schießen auf Flugwild gefunden.

Ein Buch von Gervase Markham aus dem Jahr 1621 mit dem Titel *Hunger's prevention, or the whole art of fowling by water and land* gibt uns ein gutes Bild der damaligen Jagdausübung. Der Titel deutet an, daß der Hauptzweck der Jagd immer noch eher die Ergänzung der Küchenvorräte als ein Sport ist. Manche Abschnitte lesen sich mehr wie ein Handbuch für Wilderer, z. B. seine Methode, die Vögel betrunken zu machen mit einer Mischung von Lattichsamen, Mohn, Binsenkraut, Schierling und Weizen, die in Weinhefe aufgekocht wird. Nachdem Markham verschiedene Fangarten mit Netzen, Schlingen und Vogelleim behandelt hat, beschreibt er das Schießen und sagt, daß das beste Gewehr $5\frac{1}{2}$ bis 6 Fuß lang sein soll mit einem etwas kleineren Kaliber als die militärische Arkebuse, etwa Kaliber 12 (0,729 Zoll). Es ist aber nachgewiesen, daß in jener Zeit

9 *(gegenüber)* Jagd auf Flugwild nach einem Stich aus „The Gentlemans Recreation" 1686. Der Schuß vom Sattel, wobei die Jagdgehilfen die Gewehre luden, war fast nur im 17. Jahrhundert üblich

13

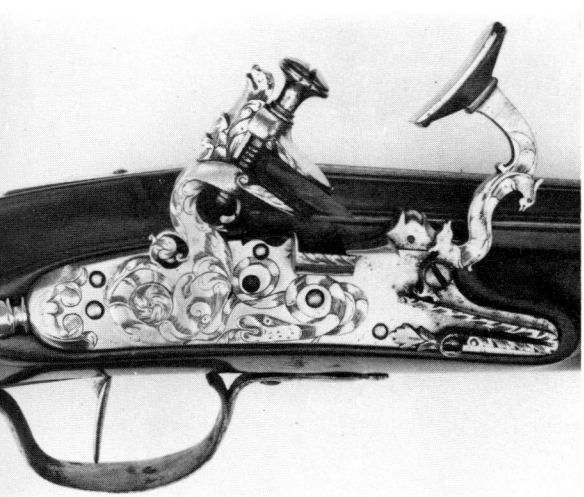

10 Italienisches Schnapphahnschloß, um 1675.
Die Stahlfläche, von der die Funken
geschlagen werden und der Pfannendeckel
sind getrennt.

auch kleinere Kaliber (bis Kal. 20) zur Jagd benützt wurden. Über den Schrot sagt Markham, daß er nicht zu grob, wegen zu starker Streuung, aber auch nicht zu klein, wegen zu geringer Wirkung, sein solle. Er empfiehlt den Schuß mit dem Wind und möglichst von hinten oder von der Seite. Dieser merkwürdige Rat läßt auf die geringe Durchschlagskraft des Schrots schließen. Der Grund für die Wahl des sehr langen Laufs war, abgesehen vom besseren Zusammenhalten der Schrotgarbe, daß das langsam brennende Pulver erst in ihm seine volle Kraft zur Wirkung brachte.

Markham schlägt vor, daß der Jäger alle möglichen Deckungen ausnützen solle, wie Hecken, Dämme und Bäume. Er verteidigt sogar das gute alte Pirschpferd als Deckung zum Anpirschen: Jede alte Mähre würde genügen, wenn sie nur ruhig und abgerichtet ist. Im Notfall erfülle ein ausgestopftes oder Pappkartonpferd den Zweck, wenn es nur einem richtigen Pferd ähnlich sehe. Wenn der Jäger einen Busch aus Schilf oder dergleichen als Schirm benütze, müsse er sich sehr langsam bewegen, da die Vögel nicht an wandernde Büsche gewöhnt seien. Hunde müssen bei Fuß und unter fester Kontrolle bleiben und nach dem Schuß erst auf Kommando suchen. Viele Sportsleute würden zu allen Zeiten größere Freude am Jagen gehabt haben, wenn sie Markhams Rat gefolgt wären und ihre Hunde entsprechend abgeführt hätten.

Eine frühe Form des Steinschlosses war auf dem Kontinent in der zweiten Hälfte des 16. Jahrhunderts aufgekommen, das Schnapphahnschloß. Der Name soll aus dem Holländischen kommen und „pickender Hahn" bedeuten, was die Aktion gut beschreibt. In den Spannlippen des Hahns ist ein Feuerstein fest eingespannt, der beim Niederschlagen gegen eine Stahlfläche, die durch eine Feder in ihrer Stellung festgehalten wird, Funken schlägt. Der Hahn ist mit der Nuß des Schlosses verbunden, die beim Abziehen den Pfannendeckel öffnet und so das Zündpulver für den Funken freilegt [Bild 10].

14

Es scheint, daß das Schnapphahnschloß in Skandinavien um die Mitte des 16. Jahrhunderts entstanden ist; um dieselbe Zeit wurde es auch in Nürnberg hergestellt. Es verbreitete sich bald über Europa; in einigen Ländern, besonders in Italien, findet man im 17. Jahrhundert reichgeschmückte Schlösser dieses Typs.

Obwohl in Teilen des Kontinents bis zum 18. Jahrhundert sehr beliebt, war das Schnapphahnschloß in England wenig im Gebrauch. In Schottland verwendete man eine sonderbare Form an einem eigenartigen Gewehrtyp mit gerieftem, gebogenem Kolben. Das Gewehr hatte ein Schloß mit außenliegender Spannrast für den Hahn und einen kleinen kugelförmigen Abzug ohne Abzugsbügel, es sah aus wie ein Gewehr sehr viel früheren Datums.

Das Fehlen des Schnapphahnschlosses in England ist teilweise damit zu erklären, daß das Englische Schloß (dog-lock) im ersten Viertel des 17. Jahrhunderts in Gebrauch kam. Dieses Schloß kombiniert die Schlagfläche mit dem Pfannendeckel in einer L-Form; eine außenliegende Batteriefeder betätigt das Funktionieren. Wenn der Hahn mit dem Feuerstein fällt, schlägt er Funken auf der Schlagfläche, die gleichzeitig zurückgestoßen wird und so das Zündpulver freilegt. Der Name dog-lock kommt von einem Sperrhaken, der in eine Kerbe an der Rückseite des Hahns eingreift wenn der Hahn abgespannt oder halbgespannt ist. Diese frühen englischen Steinschlösser waren kräftig und robust, aber ohne Verfeinerung [Bilder 11 und 12].

Im Jahr 1634 erhielt der Herzog von Bedford vom König die Erlaubnis, seine Moore trockenlegen zu lassen, und bedrohte damit den Unterhalt der Wasserwildjäger. Ihre Sache verfocht ein gewisser Mr. Cromwell, der bald eine führende Rolle auf einer größeren Bühne spielen sollte.

Es gibt aus dem Bürgerkrieg Berichte darüber, daß Wildhüter und Jäger mit Steinschloßbüchsen und mit langläufigen Flinten die Truppen aus dem Hinterhalt belästigten, denn ihre Gewehre schossen besser als die der Soldaten.

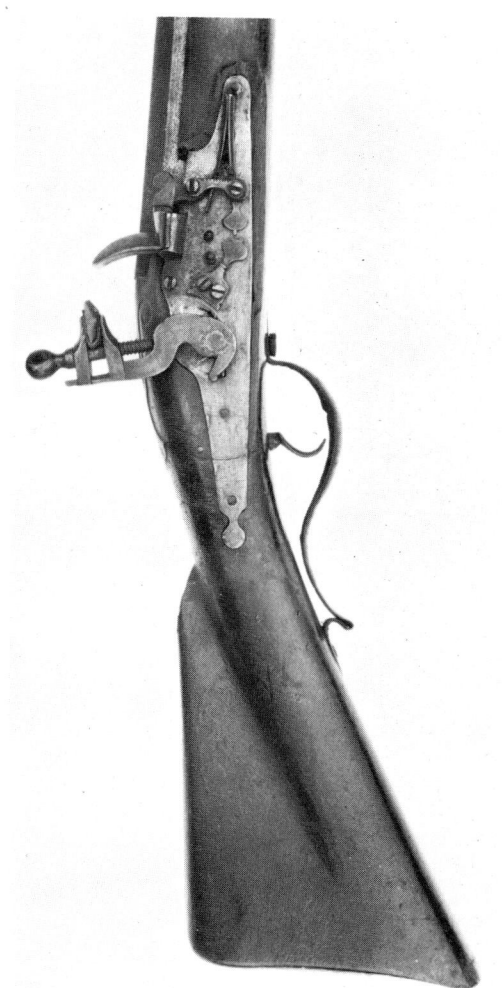

11 Englische Hühnerflinte, um 1650, mit der frühesten Form des Steinschlosses mit langem Lauf. Stahlfläche und Pfannendeckel sind hier (im Gegensatz zu Bild 10) kombiniert

12 Englische Hinterlader-Steinschloßbüchse. Bemerke den Haken, der in die Kerbe an der Rückseite des Hahns eingreift, wenn der Hahn gesichert oder halbgespannt war („Dog-lock").

13 Französisches zweischüssiges Steinschloßgewehr von Clulot in Toul. Konstruiert zur Aufnahme von zwei Ladungen hintereinander im gleichen Lauf mit zwei Schlössern und Einzelabzug, um 1645

Die bestehende Ordnung auf dem Lande änderte sich drastisch. Mit der allgemeinen Umwälzung durch den Bürgerkrieg und während der Regierung Oliver Cromwells wurden die großen Besitzungen aufgelöst, Wildparke wurden stark reduziert, und die Wälder mußten Holz in großen Mengen für die verschiedensten Zwecke, hauptsächlich für den Schiffsbau liefern. Der Bestand an Niederwild hatte im Krieg sehr gelitten. Als König Karl II. seinen Thron 1660 wieder bestieg, erhielten zwar die Grundbesitzer ihre Ländereien zurück, mußten aber ihr Einkommen dazu verwenden, ihren Besitz wieder in Ordnung zu bringen; die Wildhege und Jagd auf Rotwild oder das Halten von Jagdfalken für die Beizjagd hatten zu warten. Sie mußten sich damit begnügen, Hasen und in geringerem Ausmaß den Fuchs zu Pferd zu hetzen. Und dank dem nun leichteren Typ von Flinten genossen sie den mehr und mehr in Mode kommenden Sport des Schießens auf Flugwild.

Zuerst waren es die leichteren und guten französischen [Bild 13] oder italienischen Jagdflinten; mit zunehmendem Bedarf wurden sie in großer Zahl vom Kontinent importiert. Doch viele davon eigneten sich mehr zur Wanddekoration als zum harten Gebrauch bei der Jagd. Mr. Pepys erzählt in seinem berühmten Tagebuch, daß er im Jahr 1667 ein kürzlich für teures Geld erworbenes französisches Gewehr nach

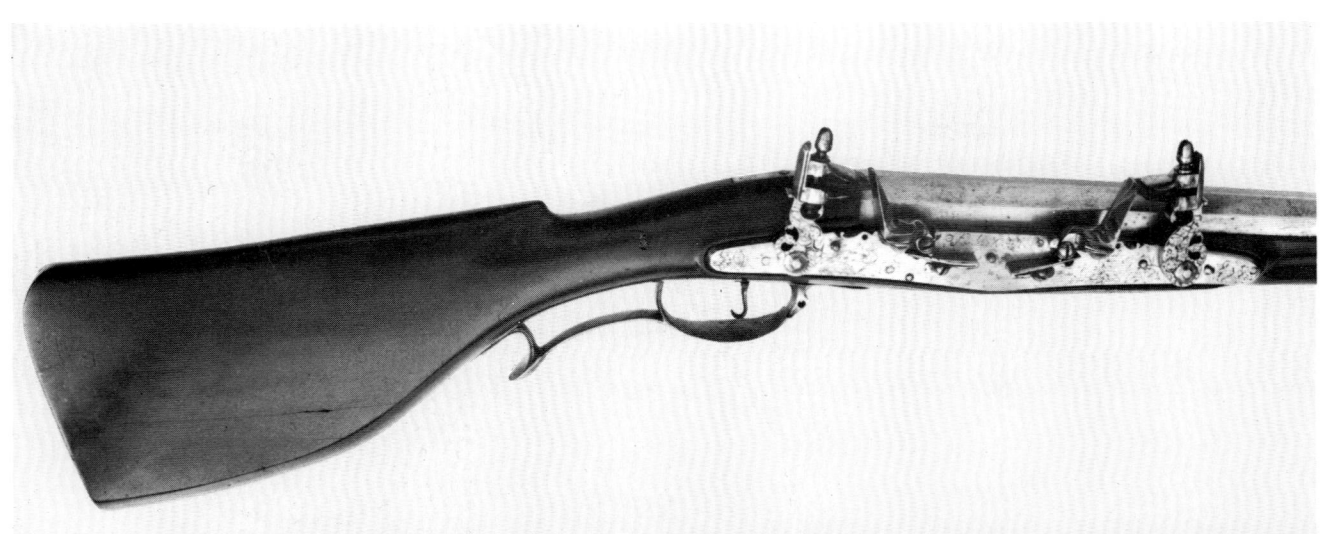

der Bull Head Tavern mitnahm, um es dort von Sachverständigen bewundern zu lassen. Dort zeigte er es dem besten Londoner Büchsenmacher seiner Zeit, Edmund Truelock, und war bitter enttäuscht, dessen Ansicht über die Wunderflinte zu hören: Er unterrichtete Pepys über alle ihre „Geheimnisse" und vor allem darüber, daß sie keiner Beschußprobe unterzogen worden war und deshalb für sicheren Gebrauch bei der Jagd untauglich sei. Es scheint aber, daß Pepys nicht das Zeug zu einem richtigen „Countryman" und nicht die Absicht hatte, sein Gewehr auch zu benützen. Er war damit zufrieden, eine neue und dekorative Waffe zu besitzen, mit der er auf neugierige Betrachter Eindruck machen konnte.

Nachdem durch schlechte Gewehre zahlreiche Unfälle verursacht worden waren, hatte König Karl I. schon im Jahr 1637 eine Verfügung erlassen, kraft derer die „Gunmakers Company of London" autorisiert wurde, sämtliche Gewehre vor dem Verkauf einer Beschußprobe zu unterziehen. Von Zeit zu Zeit wurde diese Bestimmung verschärft, z. B. nach der Restauration der Monarchie, als viele Gewehre unterschiedlicher Qualität aus dem Kontinent importiert wurden.

Die Beschußprobe erfolgte mit Ladungen, die weit über das normale Maß hinausgingen; wenn die Läufe dies ausgehalten hatten wurden sie auf Ausbeulungen, Risse oder andere sichtbare Schäden untersucht.

Die so geprüften Läufe erhielten auf der linken Oberseite die Stempel GP mit Krone (*Gunmakers Proof*) und V mit Krone (*Viewed* = nachgesehen). Die gleichen Marken sind neben anderen heute noch üblich [Bild 14].

Bald begannen die englischen Büchsenmacher Jagdflinten des neuen Typs mit dem französischen Steinschloß herzustellen [Bilder 15 und 16]. Sie waren einläufig, 3 bis 4 Fuß lang und hatten Schäfte mit leichteren und besser geformten Kolben, die sich bequem an Schulter und Backe anpaßten. Dies erleichterte das Zielen auf bewegliche Ziele und gab dem Schuß auf abstreichendes Flugwild größere Erfolgs-

14 Beschau- und Prüfungsstempel der Londoner Gunmakers Company auf einer englischen Jagdflinte, um 1650

15 Doppelflinte im Bocksystem, Steinschloß mit Drehringverschluß von Harman Barne, London, um 1655 (Die meisten Gewehre dieser Zeit waren einläufig)

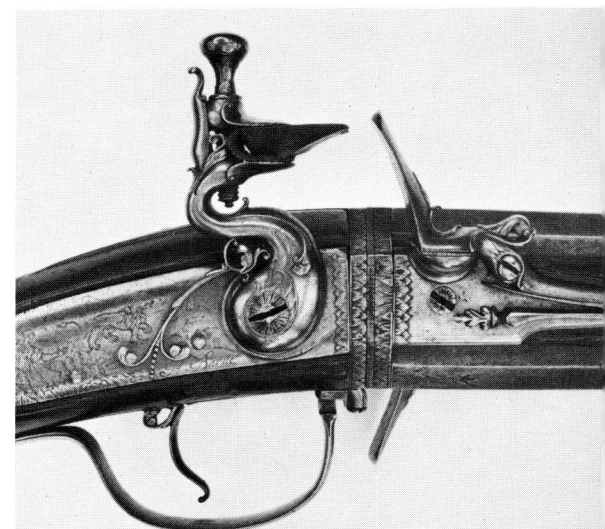

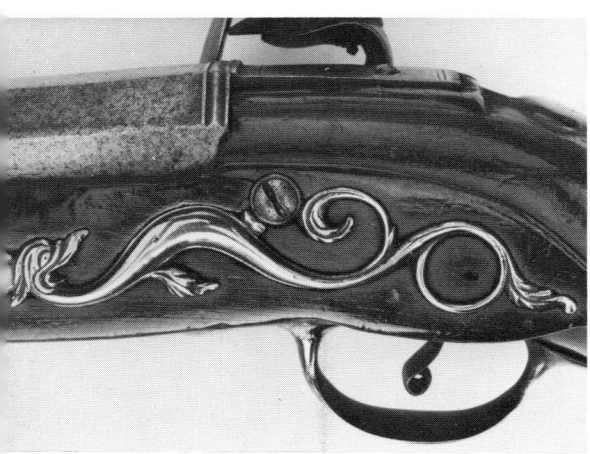

16 Seitenplatte einer englischen Steinschloß-flinte, um 1665. Sie dient als Gegenlager für die Schrauben, die das Schloß halten

17 Entenjagd in England im 17. Jahrhundert nach einem Stich aus „The Gentlemans Recreation" 1686. Beachte die langen Läufe der Entenflinten

aussicht. Der Schuß auf querstreichendes Wild war natürlich eine ganz andere Sache, denn der Zeitunterschied zwischen Abziehen und Ankunft der Schrote am Ziel war so groß, daß der Schuß weit dahinter ging. Wenn der Schütze nicht weit genug voraus mitschwang, hatte er wenig Aussicht auf Erfolg. Zweifellos war gelegentlich mancher Schütze erstaunt, wenn er das letzte Huhn einer Kette fallen sah, während er auf das vorderste gezielt hatte.

In Richard Blomes Ausgabe von *The Gentleman's Recreation* von 1686 wird die neue Art der Jagd auf Flugwild beschrieben, illustriert mit einer Zahl von reizvollen Stichen, die deutlich die damalige Art des Schießens auf verschiedenes Flugwild zeigen. Das Schießen vom Sattel war ein beliebter Sport des Herrenjägers, dem Bediente zu Fuß die Vorderladerflinte luden und den Such- und Stöberhunde begleiteten [Bild 9]. Blome schlägt vor, daß Hühner im Abstreichen geschossen werden sollen, aber bei Fasanen rät er zu einer anderen weniger sportlichen Methode: Sie sollen durch die Hunde auf die Bäume getrieben werden, wo sie der Jäger dann anpirschen und im Sitzen herabschießen soll. Blome ist der weisen Auffassung, daß die Stöberhunde durch gewaltigen Lärm zu größerer Anstrengung ermuntert werden sollen [Bild 19].

Für die Jagd auf Enten, Gänse und Reiher wird eine Flinte mit 6 Fuß langem Lauf empfohlen, mit der man in erster Linie die Pirsch auf sitzendes Wild mit einem gelegentlichen Schuß auf aufstehendes Wild ausübt [Bild 17]. Bei der Auswahl eines Gewehrs soll der Lauf auf Glätte und etwaige Unebenheiten des Laufinneren untersucht werden, wozu ein Stück Karton in der genauen Größe der Laufmündung mit dem Ladstock durch den Lauf gestoßen wird. Nur wenn der Karton glatt und unbeschädigt durch den Lauf geht, seien das Laufinnere und die Bohrung zufriedenstellen.

Ohne Abschrauben der Schwanzschraube war keine eingehende Prüfung des Laufinneren möglich. Vermutlich be-

18 Steinschloß einer englischen Hühnerflinte
von I. Blanckle, London, um 1680

nützten die Schützen eine Art von abgeblendeter Laterne und einen Reflektor am anderen Laufende, um einen Lichtstrahl durch den Lauf und auf die Laufwände zu richten. Man kann sich gut vorstellen, wie in solch langen Läufen durch schlechte Pflege entstandene Rostnarben sich im Lauf der Zeit so verschlimmern, daß sie zu einer Gefahr werden. Diese Gefahr wird noch manchmal erhöht, weil man annehmen muß, daß ein Schütze der sein Gewehr schlecht pflegt, wahrscheinlich ebenso nachlässig bei der Abmessung seiner Pulver- und Schrotladung ist. Ein verschmutztes Zündloch kann Fehlschüsse oder Nachbrenner verursachen, während ein durch Rückstände verkrusteter Lauf die Ursache von übermäßigem Rückstoß sein kann.

Blome stellt fest, daß ein Steinschloß dann ideal ist, wenn Hauptfeder und Feder für die Batterie (d. h. für die kombinierte Schlagfläche und Pfannendeckel) so aufeinander abgestimmt sind, daß der Stein in dem Moment den Funken schlägt, in dem das Zündpulver freigelegt ist. Man sieht, daß schon damals viele der erstrebenswerten Eigenschaften eines Steinschlosses verstanden wurden. Aber erst im frühen 19. Jahrhundert erreichte das Steinschloß seine endgültige Perfektion [Bild 18].

Blome empfiehlt Nußbaum- oder Eschenholz für den Schaft, aber die feinsten Schäfte sind aus Ahornholz. Tatsächlich war Ahornwurzelholz in jener Periode seiner feinen Maserung wegen besonders begehrt, man kam aber wegen seiner Sprödigkeit und Neigung zu Sprüngen wieder davon ab. Das Nußbaumholz, das Blome erwähnt, stammt vom englischen Nußbaum; es ist zwar dauerhaft und fest, zeigt aber eine wenig attraktive Maserung. Fein bearbeitete Nußbaumschäfte wurden vom Kontinent importiert.

Er befürwortet den neuen Stil des Schießens auf fliegendes Wild, weil der Vogel im Flug einen größeren Teil seines Körpers darbiete. Aber bezüglich des Schusses auf querstreichendes Wild ist er merkwürdigerweise im Irrtum: Im Gegensatz zu manchen anderen Jägern glaubt er, daß die Ge-

19 Fasanenjagd nach einem Stich aus „The Gentlemans Recreation" 1686. Der Jäger im Vordergrund schickt sich an, den auf einen Baum getriebenen Fasan herabzuschießen. Im Hintergrund benützt ein Jäger einen viereckigen Schirm als Deckung.

To The Right Hon:ble
Earle of Seafort:
Kentaill, Baron of
Lewis, Shiriff principall
& North

Kenneth M'Kenzie
Lord M'Kenzie, &
Ardelu, Islandonan, &
of the Shires of Rofs,
Nafs. &c.

This Plate is humble dedicated

by Richard Blome.

Arth: Soly fecit

20 Verzierung einer deutschen Radschloßbüchse von Hans Heller, 1671

schwindigkeit der Schrotgarbe so groß sei, daß sich ein Vor-
halten erübrige.

Man nimmt oft an, daß diese langläufigen Flinten besonders unhandlich gewesen seien. Doch vorausgesetzt, sie
waren im Gewicht gut ausbalanciert, konnten sie leicht auf
jedes Ziel geschwungen werden; sie hatten außerdem den
Vorteil, daß sie leicht in gerade Richtung auf das Ziel zu
bringen waren und daß jeder Zielfehler sofort bemerkbar
war. Der lange Lauf war noch notwendig weil das verhältnismäßig langsam brennende Pulver erst damit voll ausge-
nützt wurde.

Selbstverständlich war im Wald die Handhabung und das
Laden der langen Flinten schwieriger; zum Laden mußten
sie senkrecht gehalten werden, damit Pulver und Schrot
richtig in den Lauf zu liegen kamen.

Eine langläufige, besser ausbalancierte und gefälligere
Flinte für Flugwild war im 17. Jahrhundert in fast ganz
Europa in Gebrauch gekommen. Verschiedene Versionen des
französischen Steinschlosses wurden benützt [Bild 22]. In
Spanien war ein besonderer Typ des Steinschlosses, das Mi-
quelet-Schloß entwickelt worden. Es war ein starkes, eckig
aussehendes Schloß mit außenliegender Spannfeder und auf-
rechtem Hahn, dessen zehenartiger Vorsprung den Abzug
bewirkte. In den Mittelmeerländern und bis in die Türkei
und den Kaukasus war es verbreitet [Bild 21].

Berühmt und in ganz Europa, besonders in England,
Frankreich und Deutschland gesucht waren die spanischen
Gewehrläufe. Sie waren gewöhnlich achteckig im hinteren
Drittel und rund im restlichen Teil der Länge. Der Name
des Laufschmieds und manchmal auch Datum und Herstel-
lungsort waren eingestempelt, bei kostbaren Läufen sogar in
Edelmetall eingelegt [Tafel V]. Für die Erzeugnisse der
besten spanischen Laufschmiede, wie besonders Nicholas Bis
[Bild 23], wurden so hohe Preise bezahlt, daß Fälschungen
häufig vorkamen. Der allgemeine Stil und die Form dieser
Läufe wurden im 18. Jahrhundert weitgehend kopiert.

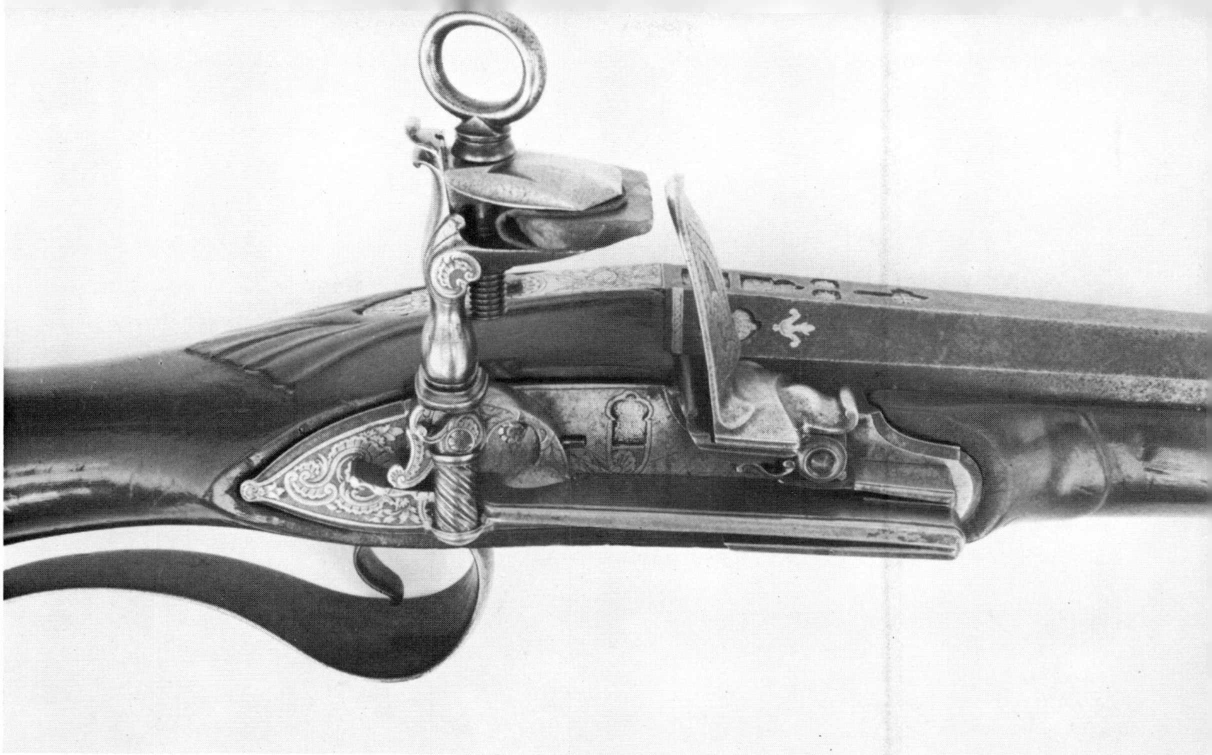

21 Spanische
Jagdflinte mit
Miquelet-
Schloß von
Diego Alvarez
in Madrid,
um 1780.

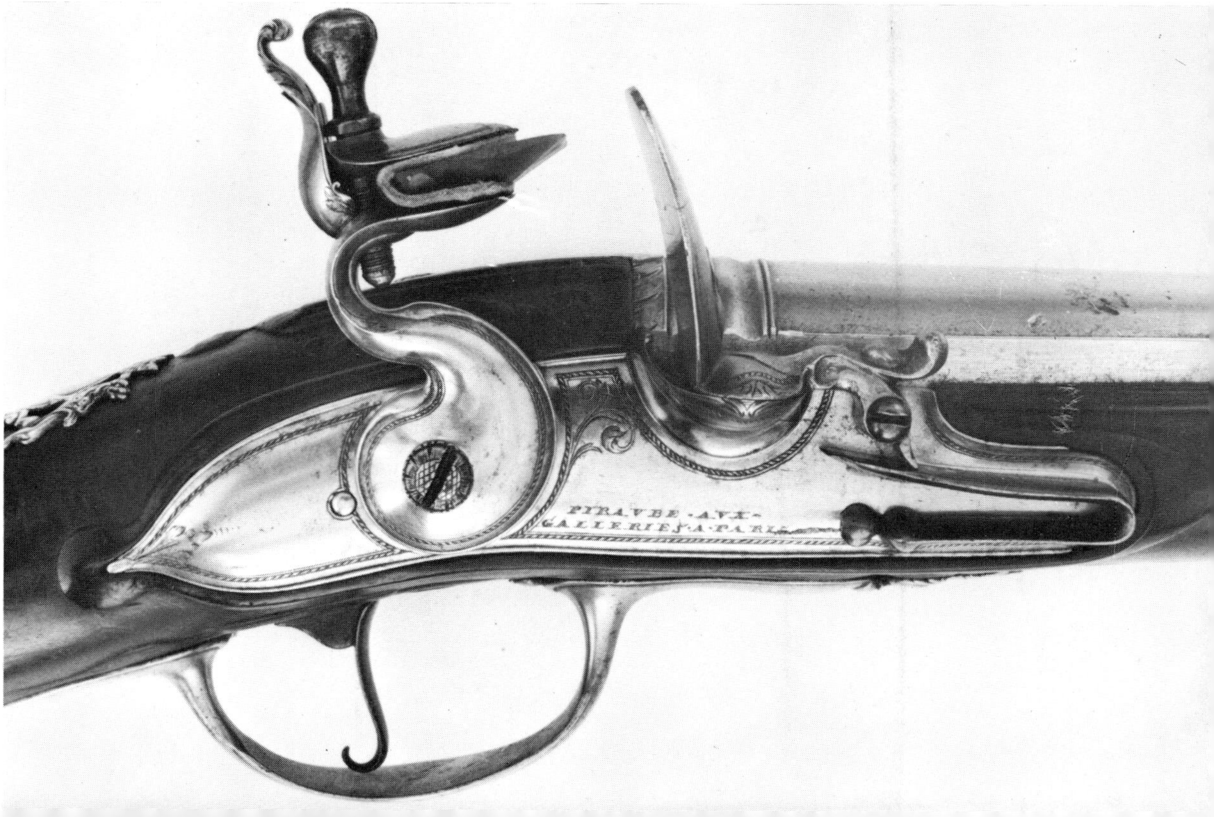

22 Französische
Jagdflinte von
Piraube aux
Galeries in
Paris, datiert
1693

23 Spanischer kostbarer Flintenlauf
mit Stempeln des Büchsenmachers Nicolas Bis
in Madrid, um 1715

I (oben) Süddeutsche Luntenschloß-Scheiben-
büchse, um 1580
(unten) Deutsche Radschloß-Büchse mit
2 Schlössern, um 1595, für 2 übereinander-
gelegte Ladungen im gleichen Lauf, vergleiche
Bild 13.

24

Alfonso Martinez de Espinar gibt in seiner Abhandlung
über die Methode der Gewehrfabrikation von 1644 einen
großen Teil von Informationen. Sie ist bemerkenswert für
die Einzelheiten zu einer Zeit, als die Technik der Herstellung gewöhnlich noch streng geheimgehalten wurde. Von
besonderem Interesse sind seine Angaben über die Schußleistung von Flintenläufen. Er schreibt: Nicht die Länge
oder das Gewicht läßt einen Lauf gut schießen, sondern die
Art der Bohrung. Dies ist das Geheimnis des Handwerkers,
obwohl er zugibt, daß auch der erfahrenste Laufschmied
nicht sagen kann ob ein Lauf gut schießt, bevor er erprobt ist.
Aus keinem ersichtlichen Grund schießen einige gut, andere
schlecht, d. h. sie streuen zu stark oder schießen ungleich-
mäßig. Einen gut schießenden Lauf herzustellen war eine

24 Deutsche Radschloßbüchse von Hans Heller,
mit Fertigungsdatum 1671

Art Mysterium bis zur Erfindung der Choke-Bohrung um 1870. Vor diesem Datum, von Espinars Zeit an, fand man, daß eine geringe Erweiterung der Laufmündung auf den letzten 6 bis 8 Zoll wahrscheinlich ein engeres Trefferbild erzielen würde. Es war unmöglich, die Kunst des Laufschmiedens zu einer exakten Wissenschaft zu machen. Es mag leicht sein, die Hand des Meisters zu erkennen, aber für die gewisse Intuition, die sich in jahrelanger Erfahrung bewährt hat, gibt es keine Erklärung. Die hohe Qualität der spanischen Läufe des 18. Jahrhunderts war, abgesehen von der Güte des Eisens, der Art des Schmiedens zu verdanken, die im einzelnen von dem Madrider Büchsenmacher Isidoro Solér im Jahr 1795 beschrieben wurde. Im 17. Jahrhundert wurden Läufe hergestellt, indem ein Eisenstab von der gewünschten Länge breitgeschmiedet und dann der Länge nach gebogen wurde, bis die Seiten sich berührten. Dann wurde die Naht weißglühend gegen einen eingelegten gehärteten Dorn zusammengehämmert und geschweißt.

Im 18. Jahrhundert wurde ein System entwickelt, bei dem der Lauf in einer Zahl von getrennten Längen geschmiedet wurde. Das Eisen für jede Länge konnte dann einzeln auf die gewünschte Stärke vorbereitet werden, so daß das Korn des Eisens (wenn die Stücke in Zylinder geschmiedet waren) rund um den Lauf ging, nicht wie früher der Länge nach. Dies bedeutete natürlich, daß der Lauf viel größerer seitlicher Beanspruchung widerstehen konnte. Die Schweißstelle selbst wurde durch Überlappen verstärkt und auf einem Dorn zu gleichmäßiger Dicke geschmiedet. Die getrennten Zylinder wurden dann verbunden und über einem neuen Dorn durch beide Zylinder geschweißt. Der ganze Lauf wurde sodann gründlich gehämmert. Das Resultat war ein sehr starker und dauerhafter Lauf, der sich in einer Reihe von strengen Erprobungen anderen europäischen Produkten überlegen zeigte.

II
(oben) Deutsche Radschloßbüchse mit Schaft und Kolben aus Hirschhorn mit eingesetzter Email- oder Porzellanplatte (wohl später eingesetzt) mit Bild der Diana. Um 1650
(unten) Radschloß-Tschinke mit außenliegender Hauptfeder und kurzem Kolben

III
(oben) Französische Jagdflinte von Soiron, um 1685
(unten) Englisches Jagdgewehr von Bleiberg, London, um 1695

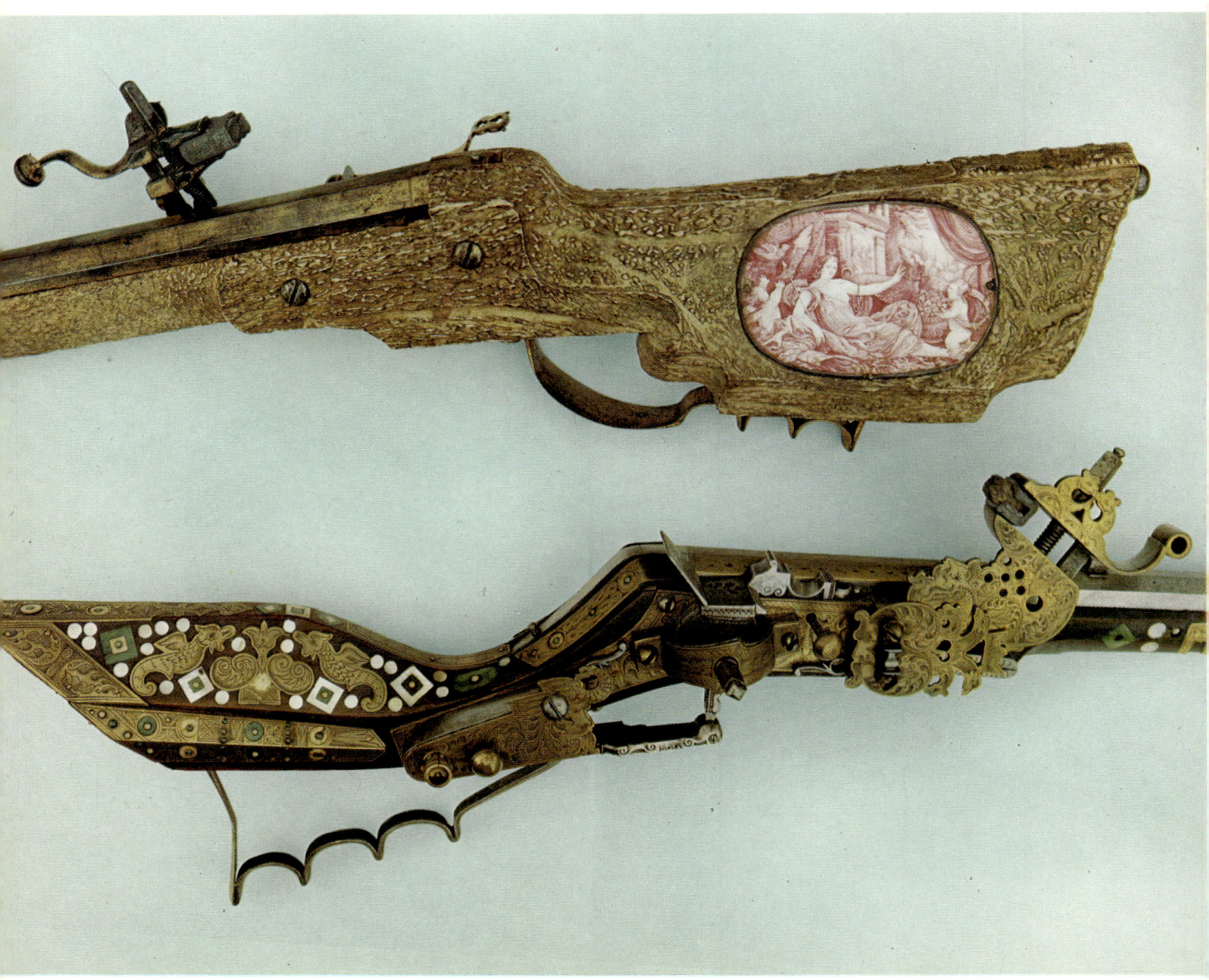

DRITTES KAPITEL

Achtzehntes Jahrhundert

Der Beginn des 18. Jahrhunderts sah das jagdliche Schießen als zur festen Gewohnheit gewordenen Sport des Landadels in ganz Europa. Während in manchen Ländern groß aufgezogene Treibjagden in pompösem Rahmen veranstaltet wurden, pflegte man in England diesen Sport in einer eher gemächlichen Art und Weise. Der britische Jäger ging am liebsten allein oder mit einigen Freunden zur Jagd und genoß den Aufenthalt in der freien Luft und die Arbeit seiner Hunde ebenso wie das Schießen selbst. Er war im allgemeinen mit soviel Jagdbeute zufrieden, wie er selbst tragen konnte.

Eine große Zahl von Porträts stellt den Landedelmann in seinem Jagdanzug dar, mit dem Schrotgürtel um die Hüfte und sein Gewehr so haltend, daß man es deutlich erkennen kann. Oft sind auch seine treuen Hunde mit auf dem Bild, dessen Hintergrund Wälder und Wiesen bilden.

Im Jahr 1727 wurde ein kleines Buch mit dem Titel *Pteryphlegia, or the art of shooting flying* veröffentlicht. Es war in der Form eines langen Gedichts von einem Mr. Markland verfaßt. So klein das Büchlein ist, zeigt es doch in konzentrierter Form in Versen beinahe alles, was die Jagd in jener Zeit betraf. Es folgt den besten Traditionen des 18. Jahrhunderts indem es philosophische Betrachtungen mit praktischer Belehrung verbindet [Bild 28].

Nachdem er erst diejenigen vornimmt, die es vorziehen, am warmen Kamin zu sitzen statt den Elementen zu trotzen, beschreibt er die zweckmäßige Kleidung des Jägers, in der er

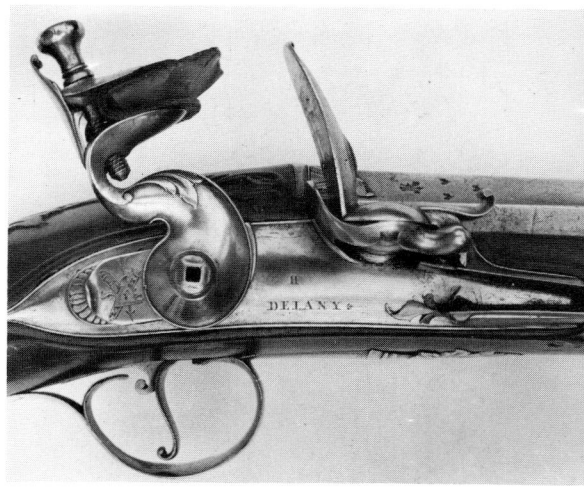

26 Jagdflinte mit Silbermontierung von H. Delany, London, um 1730. Der spanische Lauf von Nicolas Bis, um 1720

25 *(gegenüber)* Stich aus „Abbildungen jagdbarer Tiere", von H. E. Ridinger, Augsburg, 1740

IV *(oben)* Englische Jagdflinte von Bleiberg, London, um 1695
(unten) Französische Jagdflinte von Soiron, um 1685

V Spanisches Gewehr von Diego Esquibel, Madrid, 1724, mit Pulverflasche aus derselben Zeit

31

IV

27 Verzierung aus Silberdraht auf einem
Gewehr von Delany, London, um 1750

sich frei bewegen und sein Gewehr handhaben kann: Er soll
sich leicht anziehen und allen modischen Firlefanz, wie hohe
Absätze und lange Spitzenmanschetten, weglassen. Der Jäger
soll sein Gewehr nicht schon am Abend vor der Jagd laden,
damit das Zündpulver nicht feucht wird und Versager verursacht. Er rät, das Pulver am Ofen zu trocknen und in einer
verschlossenen Flasche bis zum Gebrauch aufzubewahren.
Die notwendige Ausrüstung soll bestehen aus einer Pulverflasche, deren Kappe als Maß dient, verschiedenen Schrot-
sorten in einem Schrotgürtel, aus Werg am besten von einem
alten Sattel, aus Reservesteinen und einem Schraubenzieher.
Markland genehmigt auch eine kleine Flasche Brandy für
den Fall, daß es dem Jäger schwach wird! Er warnt aber vor
zu vielem Trinken, weil er sonst schlecht schießt und wo-
möglich sogar seine eigenen Zuchttiere umbringt.

Für die Ladung empfiehlt Markland vier Teile Schrot und
drei Teile Pulver. Das Pulver muß mit einem dicken Wergpfropfen kräftig, dann der Schrot mit einem kleineren Pfropfen leichter in den Lauf gestoßen werden; die Pfanne erhält
nicht zuviel Zündpulver, da es sonst vom Pfannendeckel
beim Schließen zusammengedrückt wird und nicht gut ab-
brennt. Das Gewehr mit dem langen Lauf darf nicht mit der
Mündung nach unten getragen werden, damit diese nicht
verstopft werden kann. Der gute Jäger trägt sein Gewehr
mit der Mündung aufwärts und hält zur Sicherheit den

Hahn mit dem Daumen fest. Als besonders wichtig wird das Wiederladen unmittelbar nach dem Schuß erwähnt, solange der Lauf noch heiß und trocken ist; so haben Pulverrückstände keine Zeit, Luftfeuchtigkeit aufzunehmen.

Es ist interessant festzustellen, daß Markland vom Schuß auf zu geringe Entfernung, senkrecht nach oben und auf querstreichendes Wild abrät. Vielmehr soll dem Flugwild die Möglichkeit zum Abstreichen gegeben werden; dies gibt die Chance des Schusses von hinten auf den abstreichenden Vogel, und mit der größer werden Streuung ist die Treffwahrscheinlichkeit größer.

Zum Schluß zwei kleine Abschnitte seines Büchleins, die in vergnüglichen Versen seinen Stil und seinen ausgezeichneten Rat wiedergeben:

Seht dort ein einzeln Huhn — gefehlt! Es streicht davon.
Oh! Herr, Sie hatten Zeit genug, zu früh der Schuß!
Kaum zwanzig Yards bei freier Sicht! — Wie schad!
Es wär zerfetzt gewesen wenn Sie's trafen!
Laßt volle vierzig Yards dem Huhn zu fliegen Zeit,
Die größre Streuung wird's dann sicher treffen.
Doch wenn zu nah das Flugwild ist,
Voll Schrot wird es gespickt sein oder ganz gefehlt!

Markland konnt es nicht ausstehen, wenn ein Jäger schon vor der Jagd zu trinken und essen begann:

Wer früh am Morgen bald zur Flasche greift,
Wird vor der Mittagsglocke patzen oder Unglück haben.
Der erste wird der Bauern zahme Hühner oder Schweine
                                                    treffen,
Der zweit', ich wett, wird gar den Hals sich brechen.
Die Wut packt mich, wie ich das hasse,
Wenn ich beim schönsten Sport den Fresser schmausen [seh,
Wenn wie Raketen die Fasanen steigen,
Und dann der Stutzer nach dem Käse greift!
Peitsch, Büttel, weg vom Feld den vollen Dicksack!
Zurück zur Schul' mit ihm auf Nimmerwiedersehn!

28 Titelbild aus „Pteryphlegia" von George Markland, 1727

VI Ein Paar deutscher Jagdgewehre von I. P. Wiltermann in Gießen mit Läufen von Esquibel, Madrid, 1727

35

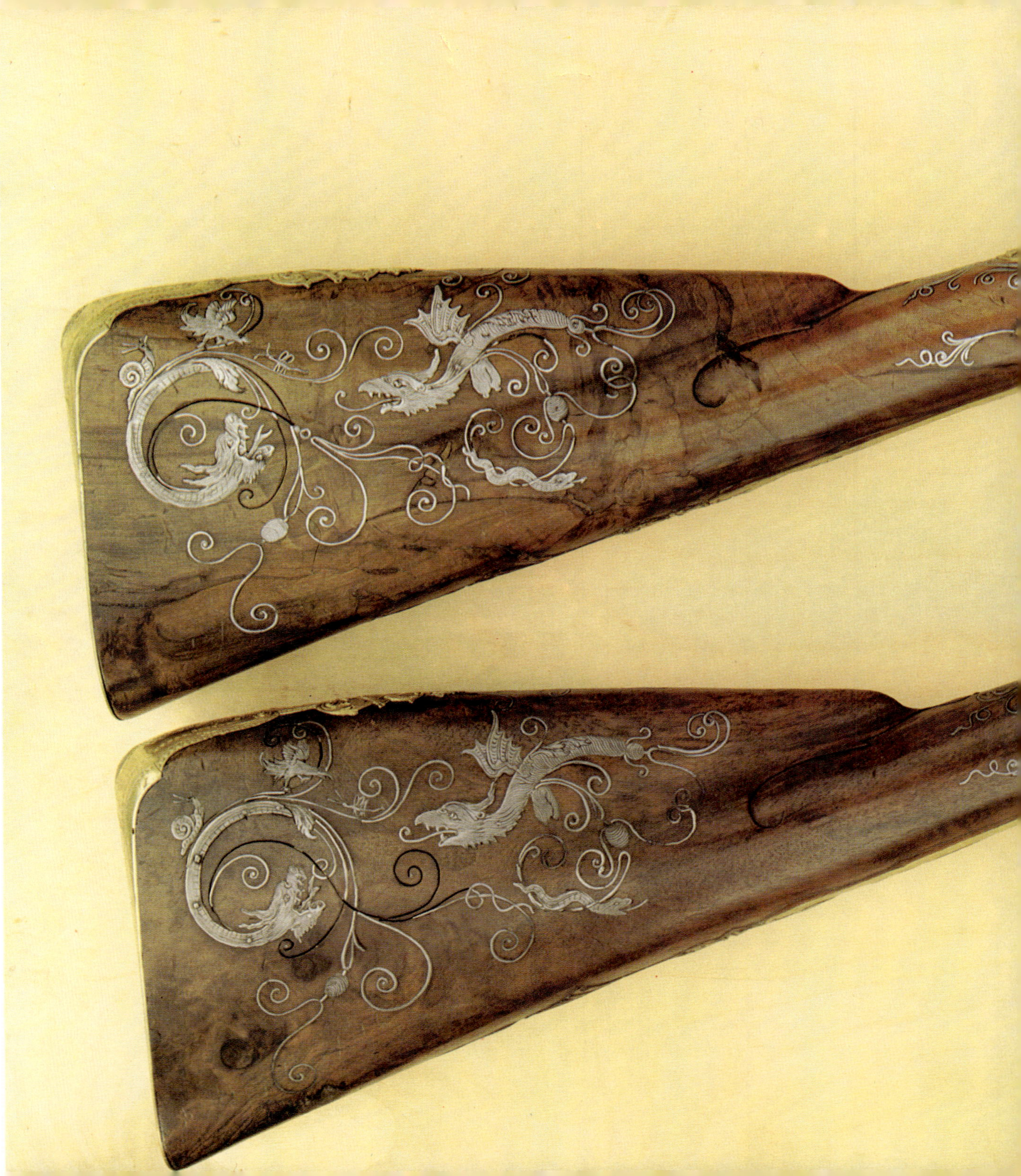

29 Pulverflasche, um 1700

30 Silberdrahtverzierung auf einem englischen Gewehr von James Lowe, 1765

Abgesehen von kleinen Verfeinerungen blieben die allgemeine Form und die technischen Einzelheiten der Schrotflinten in der ersten Hälfte des 18. Jahrhunderts unverändert. Die englischen Büchsenmacher hatten jetzt einen Stand erreicht, der sie zum Bau von erstklassigen Jagdgewehren befähigte [Bild 26].

Die zweite Hälfte des Jahrhunderts brachte eine Anzahl von Verbesserungen am Schloß: Die Pfanne wurde einigermaßen wasserdicht durch Verbesserung der Form des Deckels; für den Abfluß des Regenwassers wurde gesorgt; das Einfügen eines kleinen Kugellagers erleichterte das Öffnen der Pfanne durch den fallenden Feuerstein, und die Reibung der Spannfeder mit der Nuß des Schlosses wurde durch Einsetzen einer kleinen Scheibe beseitigt.

Viele der frühen englischen Gewehre dieser Zeit hatten spanische oder italienische Läufe, doch um die Mitte des Jahrhunderts fertigte man die Läufe aus Bändern aus Eisen von Hufnägeln, die Kante an Kante spiralförmig um einen Dorn gewickelt und dann geschweißt und zu einem starken und widerstandsfähigen Lauf gehämmert wurden [Bild 77]. Da das Korn des Schmiedeeisens rund um den Lauf ging, waren die Läufe, wie die spanischen, viel stärker und konnten den Seitendruck der Explosion leichter aushalten.

Neben der gefälligen Form zeigte das englische Gewehr des 18. Jahrhunderts eine Eleganz der Verzierung, die das Äußere bereicherte ohne die funktionellen Linien zu beein-

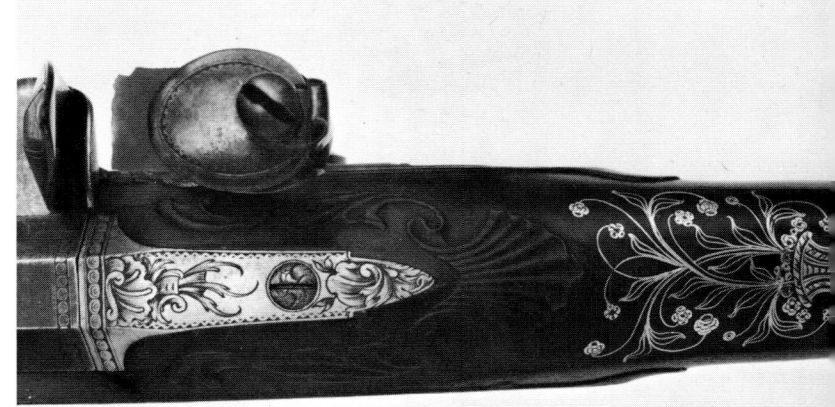

trächtigen [Bild 27]. Silber wurde gern für das schön geformte Kolbenblech, für die reich ziselierten Seitenplatten und für die Verzierungen oder Wappenschilder am Kolbenhals verwendet. Das Schaftholz hinter der Kreuzschraube war oft in der Form einer stilisierten Muschel ausgearbeitet und typisch für die kostbareren Waffen war die Verwendung von Silberdraht in eingelegten verwickelten Schnörkeln und Arabesken auf den Schäften. Manchmal waren sogar massive Blumen, Tiere oder Jagdszenen eingelegt [Bilder 30 und 32]. Im frühen 18. Jahrhundert lief das Vorderende des Abzugsbügels in einem Kleeblatt aus, das um 1750 Eichelform und gegen Ende des Jahrhunderts die Form einer Ananas erhielt.

In Frankreich, Italien und Deutschland pflegte man die Gewehre in einer viel üppigeren Art als in England zu verzieren. Oft waren die Schäfte mit Ornamenten plastisch geschnitzt und reich mit Silber oder Gold eingelegt, die Schloßplatten und die Garnitur, d. h. die Beschläge, waren in einer Vielzahl von extravaganten Entwürfen ziseliert oder getrieben und sogar die Läufe waren mit Gold eingelegt [Tafel VII].

Auf dem Kontinent, besonders in Frankreich, wurden um die Mitte des Jahrhunderts viel mehr doppelläufige Gewehre gebaut, doch selbst die mit relativ kleinem Kaliber waren um das Schloß und das hintere Laufende sehr breit und sahen nicht gut ausbalanciert aus. Etwas später folgten die eng-

31 Englisches Pulverhorn mit Silberbeschlägen, um 1760

32 Seitenansicht der Verzierung des Gewehrs Bild 30

VII Ein Paar deutscher Jagdgewehre von Wiltermann, Gießen, Läufe von Esquibel, Madrid, 1727

VIII Jäger im Kostüm des 18. Jahrhunderts. Staffordshire-Porzellan aus der Mitte des 19. Jahrhunderts

VII

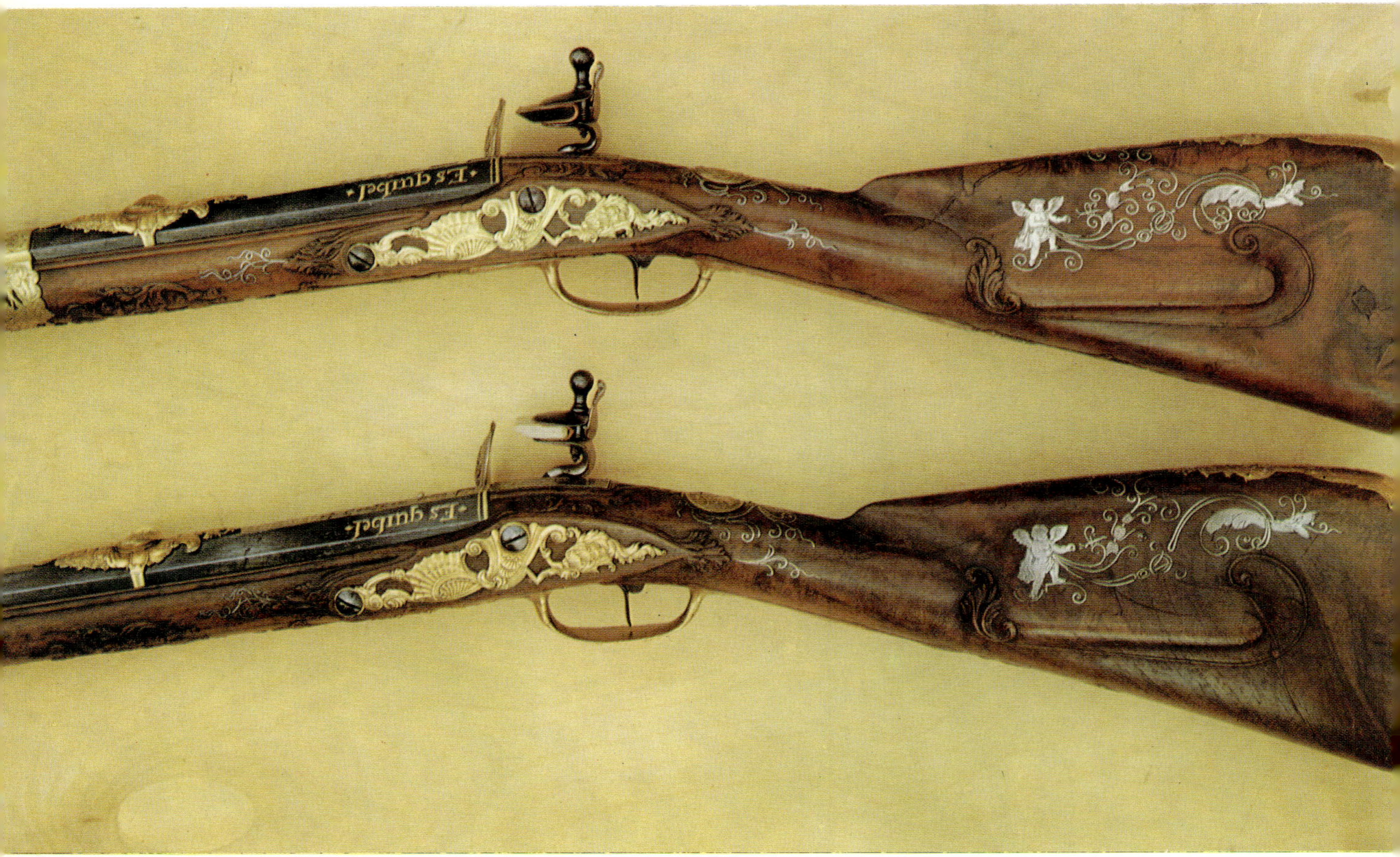

III

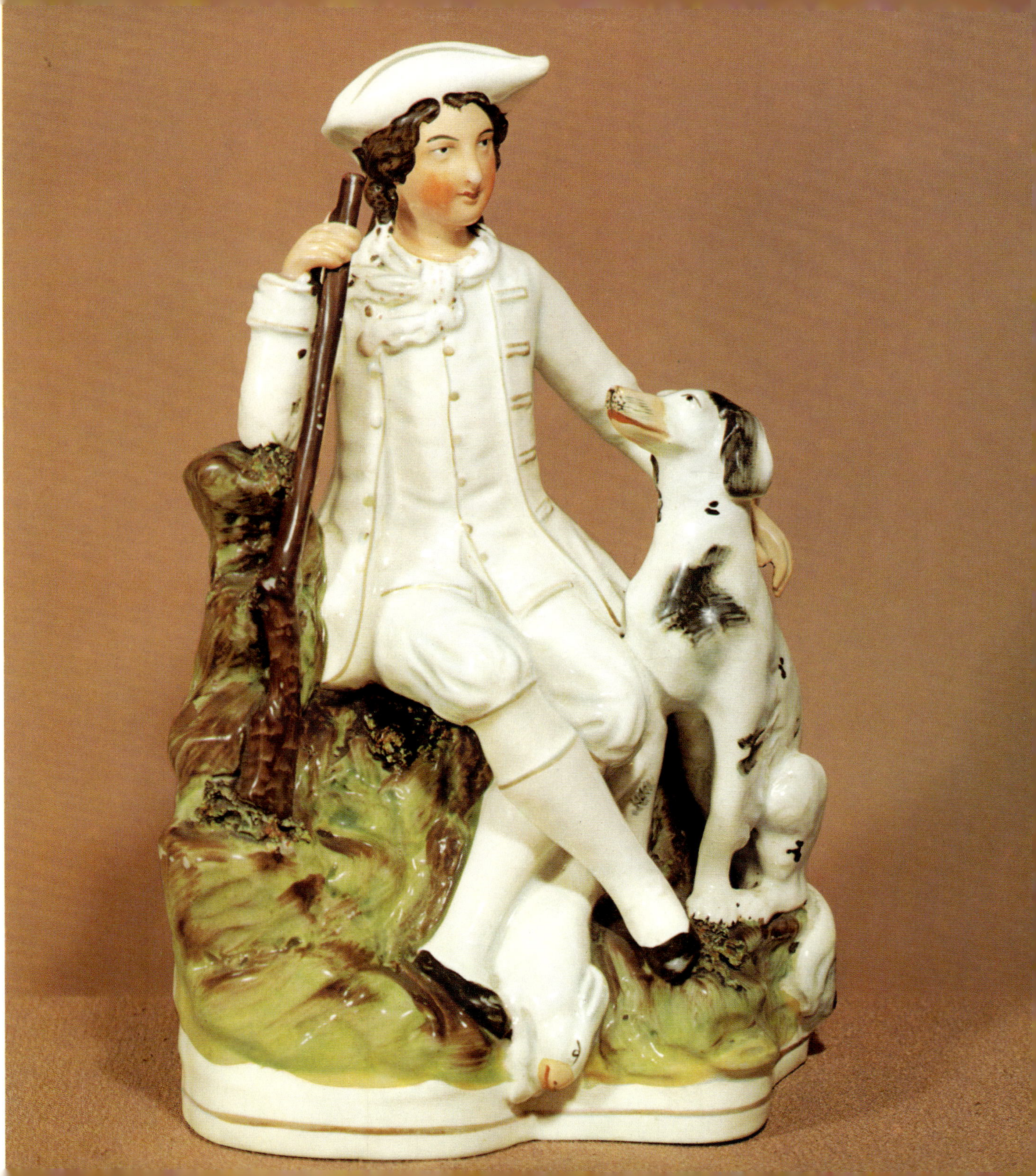

33 Englisches Jagdgewehr mit
Silbermontierung von Griffin, London, 1779

34 Großwildbüchse Kaliber 4 von Mortimer,
London, mit Aussparung am Kolben für die
Leinwandpflaster nach deutscher Art, und mit
achtkantigem Lauf

lischen Büchsenmacher, aber die Doppelflinte wurde erst um die Jahrhundertwende wirklich populär, als besseres Pulver und Henry Nocks Patentschwanzschraube die Verkürzung der Läufe auf etwa 30 Zoll ermöglichten.

In Deutschland hatte in dieser Periode die gezogene Büchse ihren höchsten Entwicklungsstand erreicht. Schon im 17. Jahrhundert war die Radschloßbüchse mit ihrem Kolben, der an die Wange angelegt werden konnte, beinahe vollkommen. Sie war eine sehr beliebte Waffe und wurde weit bis ins 18. Jahrhundert gebraucht, doch schließlich wurde sie durch die Jägerbüchse überholt, die dann einen beträchtlichen Einfluß auf die Entwicklung der Büchsen in ganz Europa und Amerika ausübte [Tafel IX].

Die typische Jägerbüchse hatte einen schweren, achtkantigen Lauf mit bis zu 8 Zügen. Der Kolben konnte in die Schulter eingezogen werden, hatte aber auch die Backe. Das Radschloß war durch das Steinschloß ersetzt. Auf der rechten Kolbenseite befand sich eine durch Schieber verschließbare Aussparung zur Aufnahme von Reservesteinen, Pflaster für die Pflasterkugeln, Pfriem zum Reinigen des Zündlochs und Schraubenzieher [Bild 34].

Der Ladstock war aus Eisen, da es nötig war, die Kugel mit einem Schlegel durch den Lauf zu treiben. Diese Büchsen hatten normalerweise einen fein einstellbaren Abzug mit Stecher.

Sie waren ideal für die Jagd im Wald und im Gebirge, wofür sie bestimmt waren. Sie schossen sehr genau eine

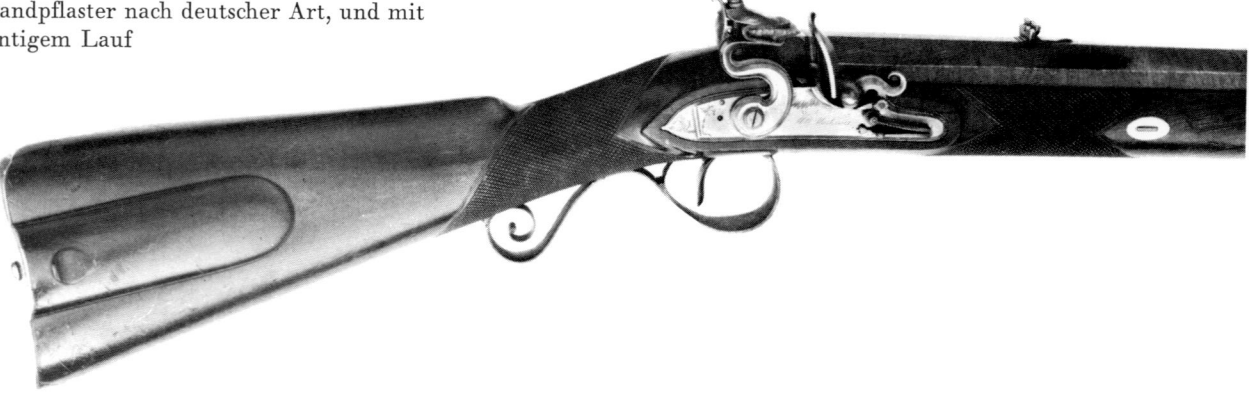

schwere Kugel, was beides gleich wichtig war, wenn es z. B. galt, einen Hirsch oder wehrhaften Keiler mit dem ersten Schuß zur Strecke zu bringen; hohe Ladegeschwindigkeit war demgegenüber unwesentlich.

Die meisten europäischen Länder bauten in der zweiten Hälfte des 18. Jahrhunderts modifizierte Formen der Jäger- büchse für die Jagd auf europäisches Hochwild nach, selte- ner für die Verwendung in Afrika oder Indien. Eingewan- derte deutsche und schweizerische Büchsenmacher, die sich in Ost-Pensylvania angesiedelt hatten, brachten die Jäger- büchse nach Amerika. Aus ihr entstand schließlich die Ken- tucky-Büchse, das Gewehr der frühen Grenzer und Trapper [Bild 37].

Diese Kentucky-Büchsen dienten in dem noch wilden Land gleicherweise zur Jagd wie zur Selbstverteidigung. Ihr klei- neres Kaliber war etwa 0,4 bis 0,5 Zoll, der Lauf war 40 bis 50 Zoll lang. Das kleinere Kaliber ermöglichte die Mitfüh- rung von mehr Munition wegen dessen geringerem Gewicht, die größere Lauflänge war wahrscheinlich nötig, weil in Amerika langsamer brennendes Pulver benützt wurde, außerdem wurde die Kugel nicht so fest in den Lauf ge- rammt wie bei der Jägerbüchse.

Die Verwendung von langsam brennendem Pulver in einem langen Lauf kann die Erklärung geben für die be- kannte Treffgenauigkeit und relativ niedere Flugbahn die- ser Büchsen. Es ist wohlbekannt, daß bei einer Pflasterkugel, die leicht durch die Züge hinabgestoßen wird, der Explo- sionsdruck von rasch brennendem Pulver nicht zu plötzlich kommen oder die Ladung nicht zu stark sein darf, sonst würde die Kugel die Züge überspringen und mit der Füh- rung auch ihre Genauigkeit verlieren. Zweifellos wird der relativ langsame aber gleichmäßige Druck eines groben Pul- vers dies in einem langen Lauf vermeiden, die Führung in den Zügen wird gehalten und die Kugel erreicht ihre höchste Geschwindigkeit beim Verlassen der Laufmündung. Der lange Lauf verbesserte an sich die Treffgenauigkeit der

35 Draufsicht der Büchse von Mortimer von Bild 34, mit Bärengravur

IX Jägerbüchse mit Silberbeschlägen von Paul Poser, Prag, um 1750, und Pulverflasche

X Jäger mit Hunden von (oder nach) Ben Marshall, dem bekannten Maler von Sport- motiven

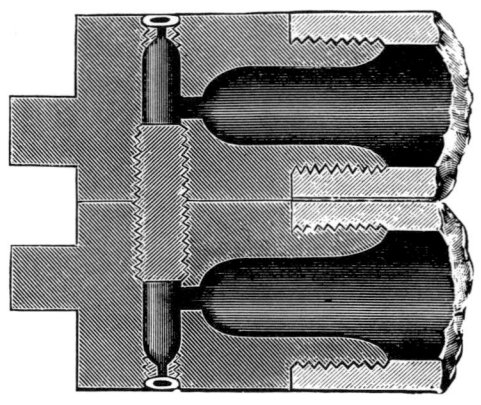

36 Henry Nock's Patent-Schwanzschraube, 1787

Büchse nicht, aber er verhalf dem Schützen zu genauem Zielen und sein beträchtliches Gewicht erhöhte die ruhige Lage beim Zielen.

Diese Kentucky-Büchsen hatten Ganzschäftung aus Ahornholz, manche Schäfte hatten ein Tigerfell-ähnliches Aussehen. Es wurde dadurch erzielt, daß der Schaft mit teergetränkten Hanfschnüren umwickelt war, die abgebrannt wurden und das darunter liegende Holz in Streifen schwarz färbten. Der Kolben hatte eine ausgesprochene Beugung, das Kolbenblech war konkav und paßte sich der Schulter an. Auf der rechten Kolbenseite war der große Behälter für die Kugelpflaster mit Messingdeckel, der oft graviert war [Bild 39].

37 Kentuckybüchse von S. Miller, Pennsylvania, um 1815
Der Besitzer schoß mit ihr ein Trefferbild von 4 Zoll Durchmesser auf 100 Yards

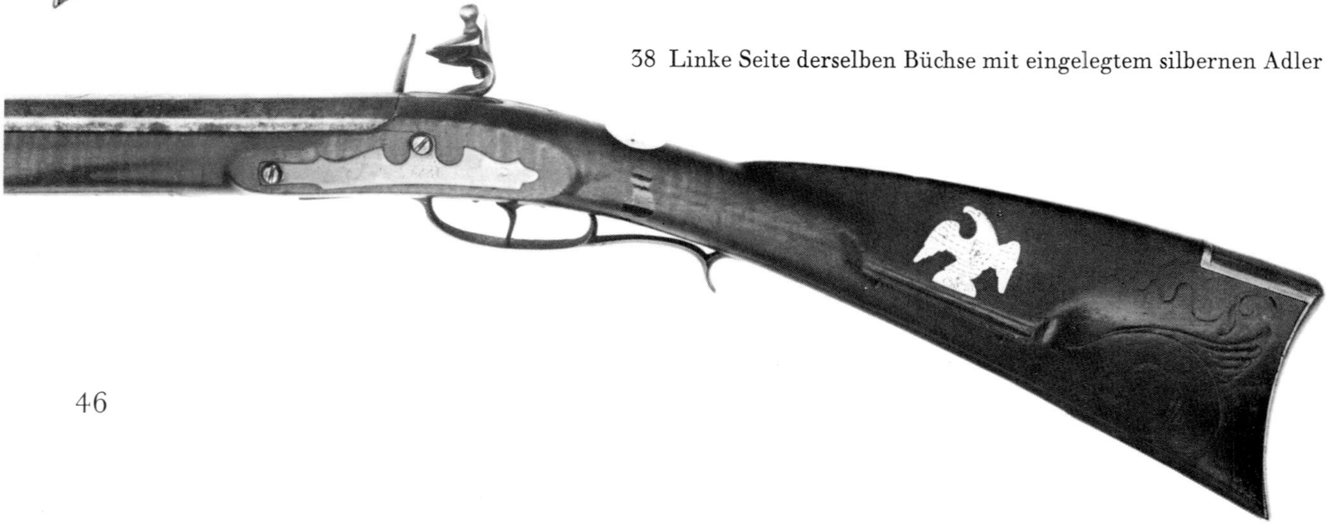

38 Linke Seite derselben Büchse mit eingelegtem silbernen Adler

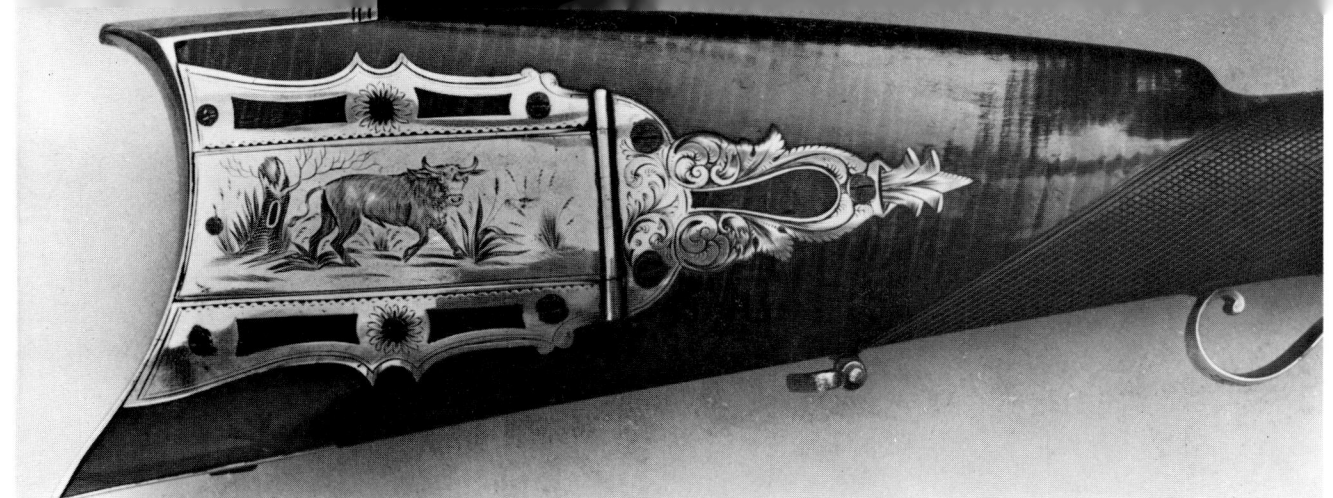

Die Schlösser waren meist aus Deutschland oder Birmingham importiert. Wegen ihres eleganten Aussehens, ihrer Schußleistung und nicht zuletzt der traditionellen Verbundenheit mit den Helden aus der Grenzerzeit zählt die Kentucky-Büchse zu den beliebtesten Stücken der Waffensammler, besonders in Amerika.

Es ist bereits erwähnt, daß besseres Pulver und Henry Nocks Erfindung im Jahr 1787 die Verkürzung der Läufe ermöglichte. Seine Patent-Schwanzschraube [Bild 36] enthielt den sogenannten Pulversack, wodurch die Stichflamme des Zündpulvers die schnelle Entzündung der ganzen Ladung bewirkte. In den letzten 20 Jahren des Jahrhunderts war der beste Typ des englischen Jagdgewehrs die halbgeschäftete Doppelflinte mit 30 bis 32 Zoll Lauflänge. Die Beugung des Schafts mit Fischhautgriffstück war ziemlich gerade. Sie war alles in allem ein gut konstruiertes, gefällig aussehendes Gewehr.

Das 19. Jahrhundert wird die endgültige Entwicklung des Steinschloßgewehrs, die Erfindung der Perkussionszündung und schließlich die gewaltige Umwandlung des Hinterladers der 50er Jahre zum modernen Jagdgewehr bringen.

39 Kolben einer späten Kentuckybüchse mit Perkussionszündung und Silberbeschlägen, um 1840

XI Colonel Peter Hawker's Lieblingsgewehr „Old Joe" von Joseph Manton mit seinem Schrotgürtel, Pulverflasche, Schrotmaß und seinem Buch „Instructions to young sportsmen"

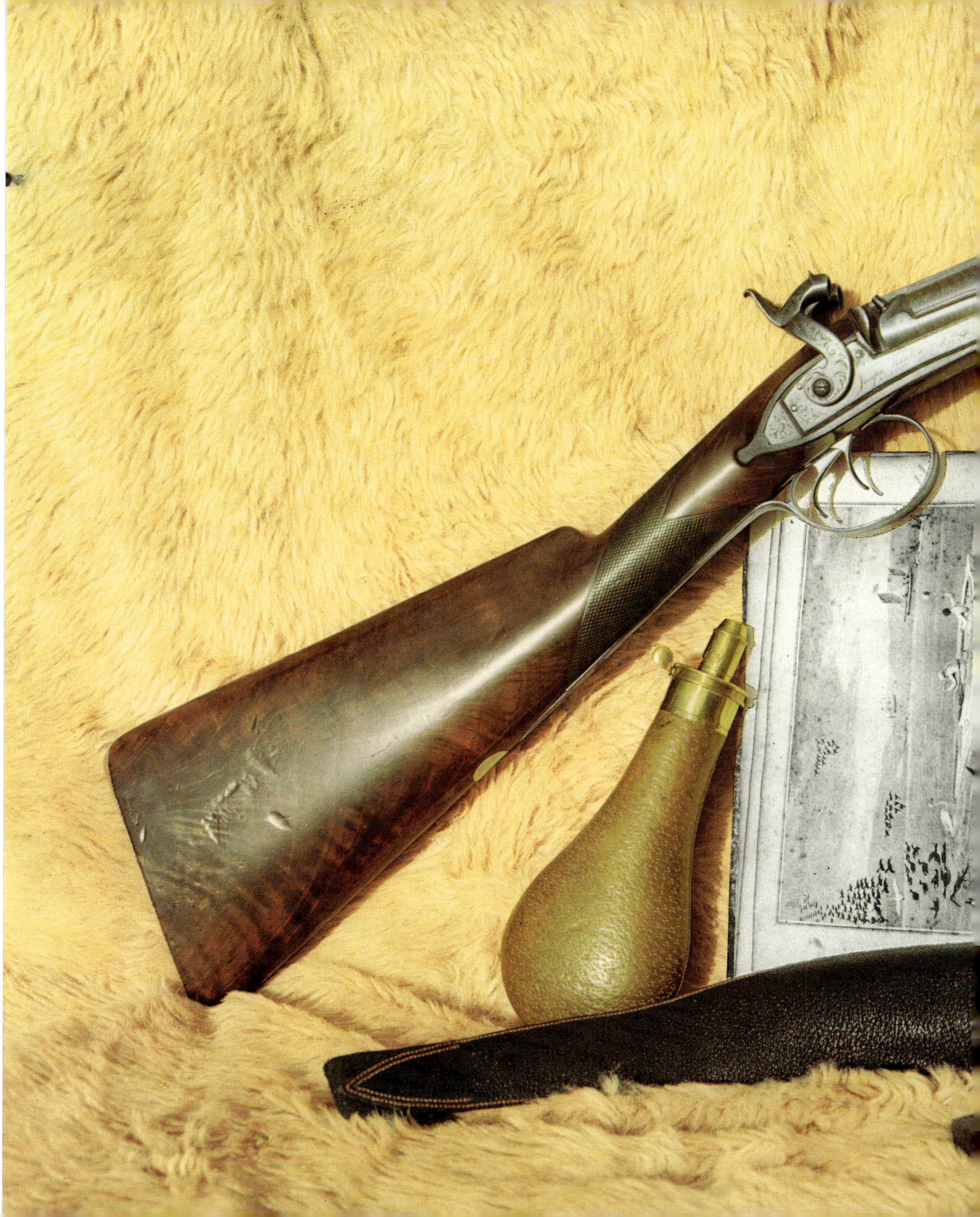

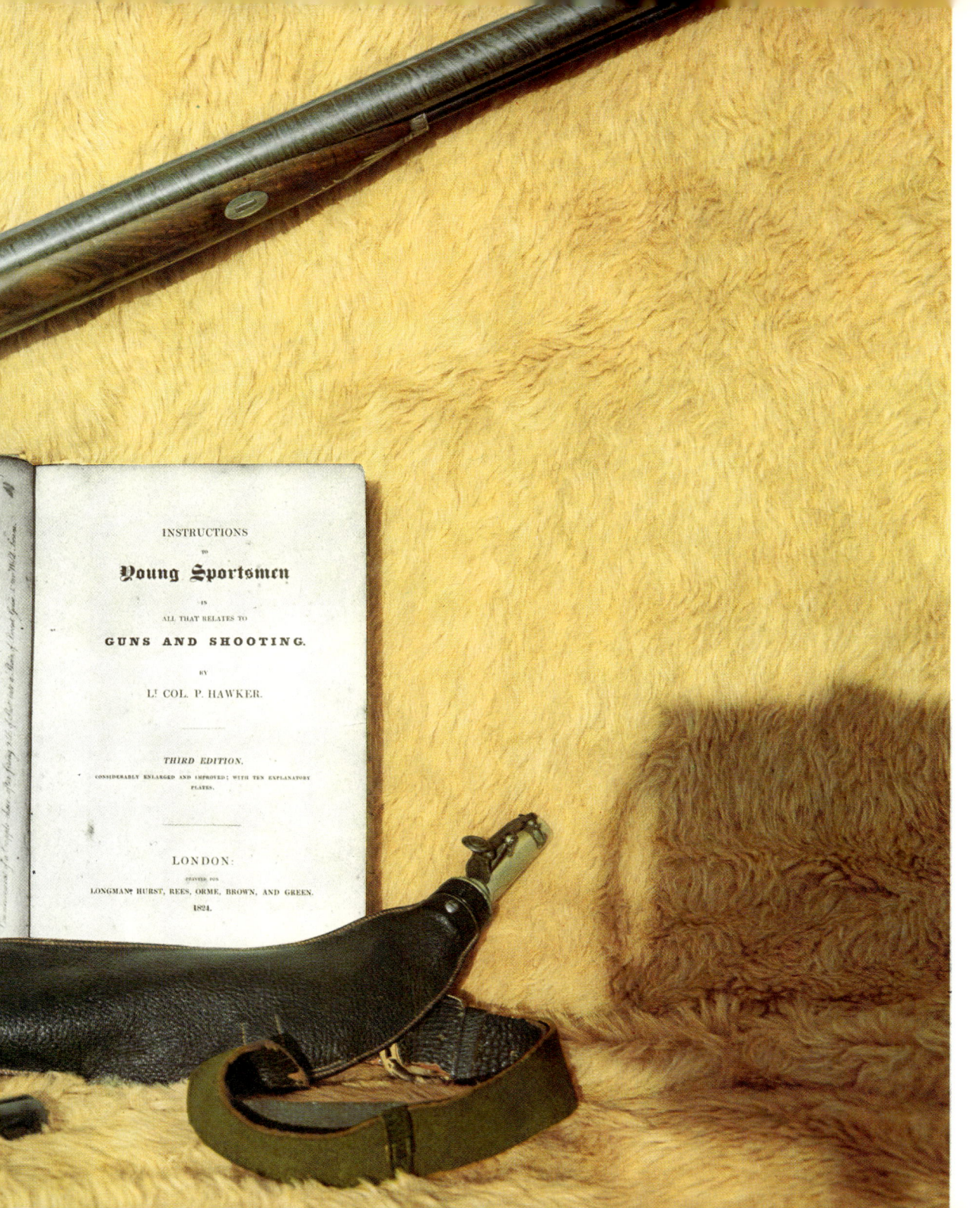

40 Colonel Hawker mit Joseph Manton
nach erfolgreicher Hühnerjagd auf seinem Gut
Longparish im September 1827

VIERTES KAPITEL

Neunzehntes Jahrhundert

Das englische doppelläufige Jagdgewehr, das gegen Ende des 18. Jahrhunderts schon ziemlich weit entwickelt war, wurde in den ersten zwanzig Jahren des 19. Jahrhunderts weiter verbessert und verfeinert.

Einen Höhepunkt der endgültigen Entwicklung des Steinschloßgewehrs bedeutet der Name Manton. Nachdem John Manton im Jahr 1782 die bekannte Werkstatt des Büchsenmachers John Twigg verlassen hatte, machte er sich selbständig. Twigg hatte als einer der ersten in England gute Doppelflinten gebaut, und Manton hatte viel bei ihm gelernt. Joseph Manton, Johns jüngerer Bruder, eröffnete 1789 nach der Lehrzeit bei seinem Bruder seine eigene Werkstatt. Beide Brüder hatten hervorragende Waffen aller Typen gebaut, aber Josephs erfinderischer Geist wandte sich besonders der Vervollkommnung der Doppelflinten zu.

Joseph Manton hatte ein lebendiges und unruhiges Temperament, immer war er bemüht, etwas Neues zu erfinden und patentieren zu lassen. Das allgemeine technische Interesse am Jagdgewehr wuchs durch seine Arbeiten in einer Zeit, in der Hoch und Niedrig im Land jeder Art robusten Jagdsports huldigte.

Ein Zeitgenosse von ihm war Colonel Peter Hawker, der Mantons Gewehre in Wort und Schrift und durch unbarmherzigen Gebrauch in der jagdlichen Praxis unsterblich gemacht hat.

Manche Erfindungen Mantons waren nur für die von Interesse, die sich um der Neuheit willen von ihnen ver-

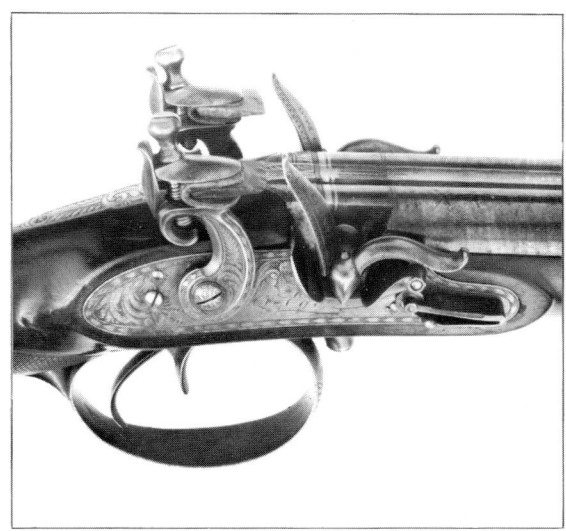

41 Steinschloß-Doppelflinte von Durs Egg, London, um 1810

XII Hühnerjagd, Aquatinta aus „Annals of Sporting", 1822

XIII Tauben-Trapschießen, frühe Methode, Aquatinta aus demselben Buch

XIV Gewehre von Purdey mit Zubehör:
Doppelflinte Kaliber 15, 1837
Büchse Kaliber 16, 1831
Kleinkalibrige Doppelbüchse mit 2 Zügen, 1865

51

Engraved by Sutherland from a Drawing by S. Allen.

Published by Sherwood Neely & Jones Oct.r 1820.

Engraved by Sutherland from a Drawing by S. Allen.

Published by Sherwood, Neely & Jones Nov.r 1.st 1822.

blüffen ließen. Aber unter diesen Erfindungen gab es wichtige Verbesserungen, die die Leistung der Waffen erheblich vergrößerten, zum Beispiel die Erhöhung der Feuergeschwindigkeit durch schärfere Spannung des Hahns und dadurch erreichte kürzere Aktion. Gleichzeitig wurde der Zündkanal dichter an die Ladung herangebracht, indem die Verschlußschraube etwas eingezogen wurde. Die Schlösser konnten infolgedessen enger gesetzt werden, und das Gewehr erhielt ein gefälligeres Aussehen. Mantons erhöhte Patent-Visierschiene, wodurch der Treffpunkt höher als der Visierpunkt zu liegen kam, gestattete dem Schützen freie Sicht auf das fliegende Wild, das nun nicht mehr von den Läufen verdeckt wurde. Bessere Zielmöglichkeiten, ausgezeichnete Ausbalancierung des Gewehrs und schnelle, zuverlässige Zündung erhöhten die Erfolgsaussichten des Jägers und machten Mantons Gewehre immer populärer. Eine Art Fallsicherung, die den Hahn beim Laden sicherte, war eine seiner wichtigen Erfindungen [Bild 44].

John und Joseph Manton fertigten zwischen 1805 und 1810 die Zündkanäle aus Platin ebenso wie die Linien und Namensstempel auf dem Verschlußblock. Viele ihrer Zündpfannen waren so konstruiert, daß Flüssigkeit abfließen konnte, und John hatte einen Block konstruiert, aus dem Regenwasser, das zwischen die Läufe und die erhöhte Visierschiene gedrungen war, durch eine Öffnung vor dem Abzugsbügel abgeleitet wurde. Der Einfluß der beiden Brüder auf die Büchsenmacherei war so groß, daß in wenigen Jahren die besten englischen Büchsenmacher den Manton-Typ der Doppelflinte mit nur geringen Variierungen anfertigten.

Colonel Peter Hawkers bekanntestes Buch „Instructions to Young Sportsmen in all that relates to Guns and Shooting" wurde seit dem Erscheinen im Jahr 1814 mehrmals und mit Verbesserungen neu aufgelegt. Es erweckte weites Interesse an der Technik der Gewehrfertigung und spornte zu besseren Leistungen auf der Jagd an. Mit unverwüstlichem Enthusiasmus und Zielstrebigkeit beschäftigte sich Hawker mit allem, was die Büchsenmacherei und das Schießen betraf, und erprobte seine Theorien in der harten jagdlichen Praxis. Es ist in hohem Maß der Zusammenarbeit zwischen Peter Hawker und Joe Manton zu verdanken, daß die englische Büchsenmacherkunst eine solche Bedeutung für die Entwicklung des Jagdgewehrs für den Rest des 19. Jahrhunderts gewann.

Colonel Hawker lebte in Longparish in Hampshire, und auf seinem dortigen Landgut jagte er auch meist. In seiner großen Begeisterung hielt er sich nicht immer ganz genau an seine Jagdgrenzen! Hawkers besonderes Interesse galt dem jagdlichen Schießen auf Flugwild, das bisher zum großen Teil eine Domäne von Berufsjägern und Jägern für den Kochtopf gewesen war. Mit großkalibrigen Flinten aller Art führte er von Flachboot und Wagen aus und zu Fuß eine gewaltige Offensive gegen Enten und Gänse auf den Lagu-

42 *(gegenüber)* Doppelflinte von Durs Egg, London, mit Damastläufen

43 Englisches Pulverhorn, um 1825, mit Original-Seidenkordel

XV

XVI

nen und überschwemmten Wiesen entlang der Meeresküste. Zwei seiner Gewehre, die sicherlich zu den berühmtesten Jagdgewehren gehören, sind jetzt glücklicherweise in Händen, die ihren Wert zu schätzen wissen. Die erste ist seine Entenflinte „Big Joe", die Manton nach Hawkers Angaben im Jahr 1814 gebaut hatte. Ihr Damastlauf mit Kaliber 5 war von dem berühmten Laufschmied William Fullerd geschmiedet. Der Kolben hatte einen Pistolengriff, das Gewehr wiegt neun Pfund und verschoß etwa fünf Unzen (140 g) Schrot. Es wurde später auf Perkussionszündung umgearbeitet und neu geschäftet. Das zweite Gewehr war Hawkers Lieblingswaffe für stärkeres Wild, „Old Joe"; es war Hawkers erster Ankauf von Joe Manton im Jahr 1807. Es hat Kaliber 19, wiegt sieben Pfund vier Unzen und wurde ebenfalls zur Perkussion umgebaut [Tafel XI].

Ein lebensvolles Bild in den späteren Ausgaben von Hawkers Buch zeigte eine vergnügte Szene nach einem erfolgreichen Jagdtag in Longparish im September 1827. Hawker sitzt auf seinem Jagdpony, auf dem er dahin zu galoppieren pflegte, wo Hühner gemeldet oder eingefallen waren. Joe Manton mit der Flinte in der Hand freut sich offenbar ebenso wie die ganze Jagdgesellschaft [Bild 40].

Das ständig wachsende Interesse in weiten Kreisen an Jagd und Schießen sowie das Vorhandensein von wirkungsvolleren Doppelflinten brachte auch vermehrte Aktivität in Jagdschutz und Fasanenaufzucht mit sich. Immer häufiger kaufte oder pachtete man Landbesitz nur der dortigen Jagdmöglichkeit wegen. Dies erforderte die vermehrte Einstellung von Jagdhütern und Hegern, und Wilddiebsfallen, Selbstschüsse und andere Mittel gegen Wilderei wurden entwickelt. Man veranstaltete zwar gelegentlich Fasanentreiben durch Gehölze und Wälder, aber meist suchten die Jäger ihr Wild mit Settern und Pointern [Tafel XIII].

Neben den besten Steinschloß-Doppelflinten verfügte der Sportsmann nun über Pulver von ausgezeichneter Qualität und über guten runden Schrot von gleichmäßiger Größe.

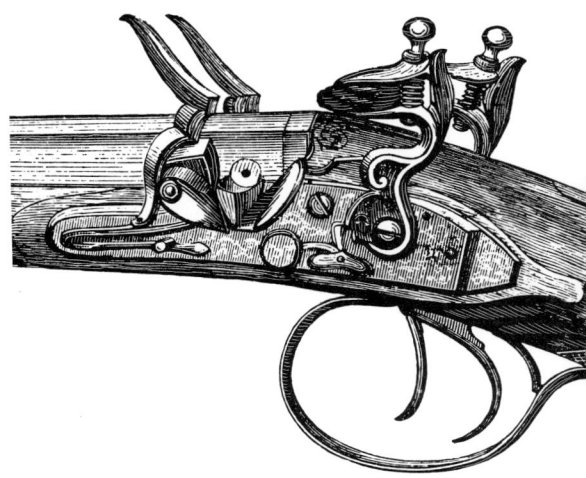

44 Doppelflinte von Joseph Manton mit Fallsicherung

XV H. A. Leveson, „The Old Shekarry" bei seinem Abenteuer mit dem Elefantenbullen. Steindruck aus „Wild Sports", um 1870

XVI Kritischer Moment bei gemeinsamer Tigerjagd. Lt. Rice rettet seinen Freund. Aus „Wild Sports"

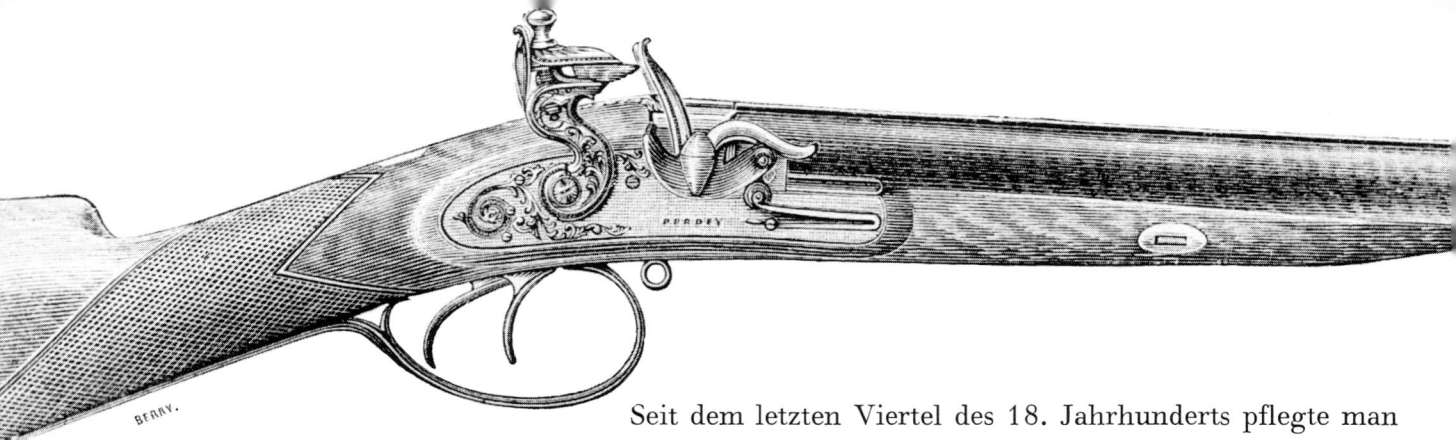

45 Steinschloß-Doppelflinte von James Purdey, um 1820. Purdey baute nur sehr wenige solcher Flinten, und die meisten wurden zu Perkussionsflinten umgebaut

Seit dem letzten Viertel des 18. Jahrhunderts pflegte man Schrot in der neuen Methode herzustellen, indem man geschmolzenes Blei durch Siebe in kaltes Wasser tropfen ließ. Die runden Schrotkugeln wurden dann in die verschiedenen Größen vom Gänseschrot bis zum Schnepfenschrot sortiert.

Für zuverlässige Steinschlösser waren auch Feuersteine bester Qualität nötig; die besten waren die tiefgegrabenen schwarzen Steine. Ihre Form erhielten sie durch Steinschläger, von denen die geübtesten diejenigen in Brandon in Suffolk waren, wo — überraschend genug — dies traditionsreiche Handwerk noch heute ausgeübt wird. Man benötigt ihre Steine für die Steinschloßgewehre, die noch heute in entlegenen Teilen der Welt geführt werden; auch die rasch zunehmende Zahl von Sammlern alter Waffen sucht diese Feuersteine.

In den ersten Jahren des 19. Jahrhunderts pflegten die Büchsenmacher ihre guten Erzeugnisse in feinen Mahagonischatullen mit Messingbeschlägen und Samtfutter zu liefern. Sie enthielten alles, was der Sportsmann zum Laden und Reinigen seiner Waffe brauchte [Bild 46]. Es war dies gewöhnlich: Pulverflaschen für zweierlei Pulver, Schrotgürtel für den losen Schrot, Pfropfenschneider, kleiner Behälter für Feuersteine, Dorn zum Reinigen des Zündlochs und Schraubenzieher. Als Reinigungswerkzeug gab es Stöcke, Feilen, Türkenkopfbürsten, Tücher, Werg und eine Bürste zum Reinigen des Schlosses. Nützlich waren auch ein Reserveladstock, Pfropfenauszieher und Klammern für die Spannfeder. Für Büchsen und einige Schrotflinten wurden

Kugelformen beigelegt. Später kamen verzierte Etiketten des Herstellers auf der Innenseite des Deckels hinzu, die oft Hinweise auf neue Besonderheiten des Gewehrs oder den Namen vornehmer Besteller enthielten.

In der Zeit als das Steinschloß immer mehr perfektioniert wurde, wurde eine neue Art der Zündung erfunden, die allmählich das Ende des Steinschlosses bedeutete, obgleich viele Schützen noch lange Anhänger des alten Systems blieben.

Diese neue Entwicklung war die Perkussionszündung, ermöglicht durch die Erfindung eines Detonationspulvers, das durch Schlag zur Explosion gebracht wurde. Der Erfinder war Alexander John Forsyth, Pfarrer in Belhelvie in Aberdeenshire, Schottland, der seine Erfindung im Jahr 1807 patentieren ließ. Seine Originalzündung erfolgte mittels eines kleinen Zündmittelbehälters, der die Form eines Riechfläschchens hatte. Aus ihm wurde, wenn er gewendet wurde, etwas Detonationspulver (Knallquecksilber) durch ein Röhrchen an die Ladung gebracht; beim Schlag des Hammers auf einen Zündbolzen in der oberen Hälfte des wieder zurückgewendeten Behälters detonierte das Knallquecksilber und zündete die Ladung. Der Hauptvorteil der Perkussionszündung lag in ihrer Schnelligkeit, die besonders wichtig beim Schuß auf bewegliche Ziele war. Bald entwickelten die führenden Büchsenmacher dieses Prinzip

46 Einläufige Jagdflinte von Samuel und Charles Smith, London, um 1820, in Original-Eichenschatulle mit allem Zubehör

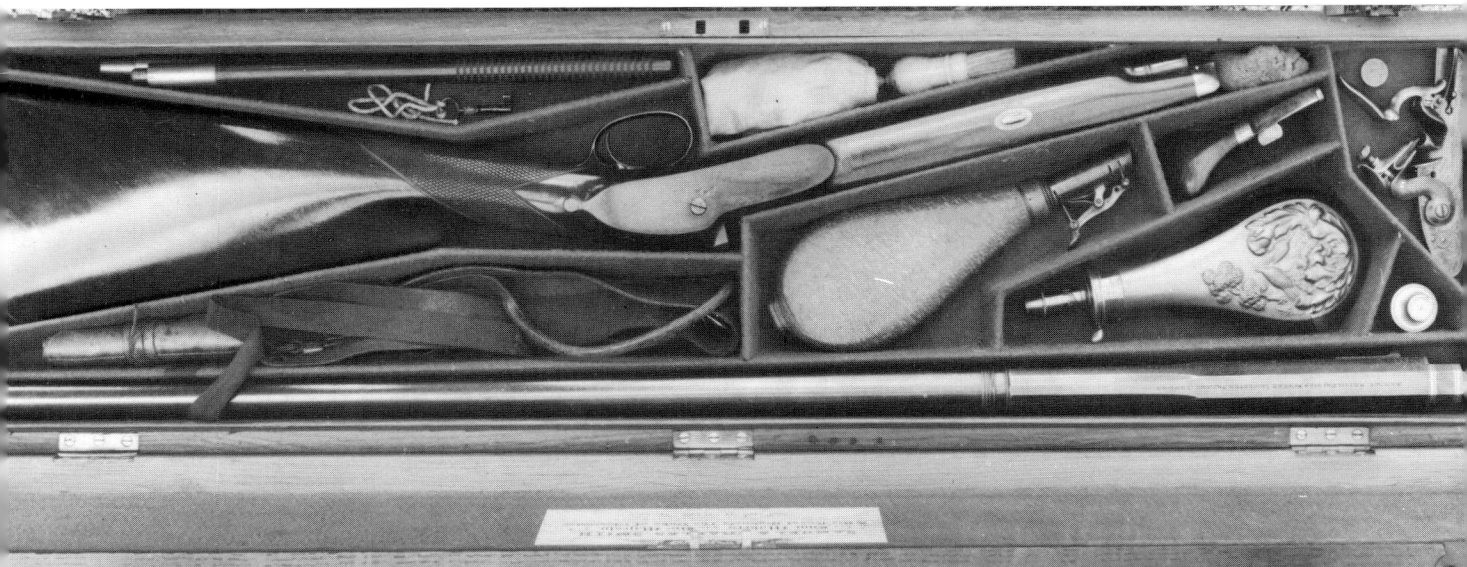

weiter; sie verwendeten das detonierende Zündpulver in der Form von Pillen, Scheibchen, Röhrchen, Bändern und Käppchen. Die am meisten benützte Methode war ein Kupferkäppchen oder -hütchen, das auf einen hohlen Nippel gesetzt wurde, der in das Laufende eingeschraubt war [Bild 68]. Das Röhrchen-Prinzip blieb besonders bei Taubenschützen im Gebrauch, da sie ihm größere Zündschnelligkeit und Zuverlässigkeit und damit einen leichten Vorteil bei Wettschießen zuschrieben [Bild 47].

Noch in den 20er Jahren gab es hitzige Kontroversen über Steinschloß und Perkussionsschloß, doch um 1830 waren nur noch wenige Steinschloßgewehre im Gebrauch. Viele der letzteren waren inzwischen zu Perkussionsgewehren umgebaut worden. Eine einfache und billige Methode des Umbaus war die, an die Stelle des Zündlochs einen Nippel einzuschrauben und den alten Hahn durch einen Hammer zu ersetzen. Doch gab es auch bessere aber teurere Methoden.

Einer der Faktoren, der die öffentliche Meinung zugunsten des Perkussionsschlosses umschwenken half, war dessen Überlegenheit über das Steinschloß beim Wettschießen auf Tauben [Tafel XIII]. Dieser Sport war noch zur Zeit des Steinschlosses aufgekommen und wurde bald wettbewerbsmäßig durchgeführt. Die sportlichen Annalen von 1822 bezeichnen das Taubenschießen als eine spezielle Art des Schießsports, der eine besondere Klasse von Sportsleuten huldigt, die große Schießfertigkeit erfordert und Gelegenheit zu Wetten und Wettbewerben bietet. Man schoß frü-

47 Doppelflinte von Joseph Manton mit seiner Röhrchenzündung, bei Taubenschützen sehr beliebt

her häufig auf einem geeigneten Feld in der Nähe eines Landgasthofs; die Taube befand sich in einem Holzkasten (Trap), der durch eine Leine geöffnet wurde, wenn der Schütze das Zeichen gab. Man erzählt, daß das bekannte Gasthaus „Old Hats" in Ealing seinen Namen von den alten Hüten habe, die als Ersatz für Holzkasten über die Tauben gedeckt gewesen seien. Der Bericht über ein Wettschießen im Juli 1821 verzeichnet, daß der Gewinner der Crinden-Medaille bei dem Old Hats Club nur 32 von 60 Tauben schoß, obwohl Perkussionsgewehre von enormer Größe verwendet wurden. Die Verwendung so großer Flinten wurde

48 Tauben-Trapschießen in Hornsey Wood. Der Gehilfe (Trapper) läßt eine der fünf Tauben los

61

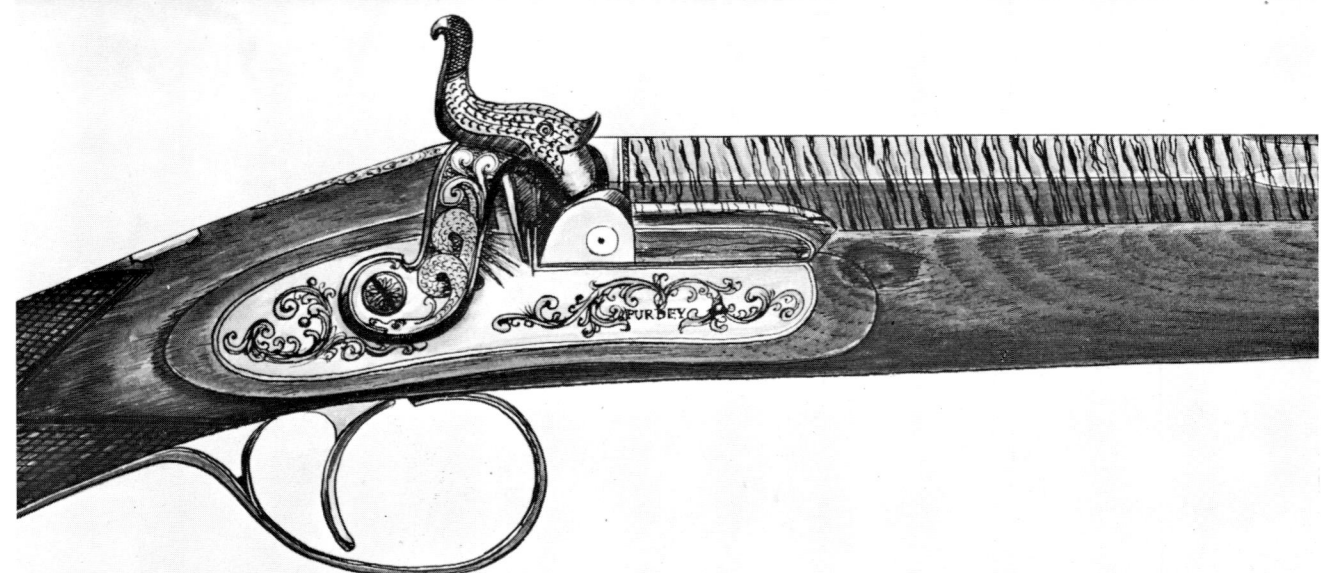

49 Taubenflinte Kaliber 11 mit Perkussionszündung von James Purdey, Nr. 483, um 1825,
mit feinen Damastläufen des bekannten
Laufbohrers Charles Lancaster

offenbar als wenig sportlich angesehen, und man schlug vor,
die gleichen Gewehre zu benützen, die ein Gentleman auch
auf der Jagd führe. Die Erwähnung von besonders großkalibrigen Perkussionsflinten für das Taubenschießen ist
interessant. Es waren einläufige Flinten der Kaliber 10 bis
4 [Bild 49], die sich von den üblichen Jagdflinten durch
kürzere Läufe, reichere Ausführung und häufig durch Fehlen des Ladstocks unterschieden (ein kurzer Ladstock befand
sich im Gewehrkasten). Da auf aufstehende Tauben geschossen wurde, war Hochschuß erwünscht; die bereits erwähnte erhöhte Visierschiene von Joe Manton gewährte
den Vorteil des Hochschusses bei leichterem Zielen in bester
Weise. Als Folge ihrer Annahme durch die Taubenschützen
wurde Mantons Patent nun auch vermehrt bei den Flinten
zur Jagd auf Flugwild verwendet.

Obwohl die gesellschaftlichen Klassenunterschiede in England um 1822 recht groß waren, wurde das Taubenschießen
als offener Sport betrachtet, an dem jedermann teilnehmen
konnte. „Marksman" erwähnt in seinem Buch „The Dead
Shot" als Gewinne: Flinten, Büchsen, Gold- und Silber-
pokale, auch Geldpreise und nennt Wetteinsätze, Handicaps
und Teilnehmereinsätze von 1 bis 5 Pfund Sterling. Leider

lockten hohe Geldpreise und die Möglichkeit von Wetten auch berufsmäßige Taubenschützen an, die alle erlaubten und unerlaubten Tricks benützten, um zu gewinnen, z. B. eigene in Papier verpackte Schrotladungen. Schließlich jedoch erhielten die mehr oder weniger verschiedenen Regeln für die Wettschießen einen in ganz England gültigen Standard als in den 1850er und 60er Jahren Clubs gegründet wurden: dies waren Hornsey Wood House [Bild 48], Hurlingham, Orleans und 1861 der größte von allen, der Schießclub von Notting Hill. Unter anderen Regeln wurde bestimmt, daß als Standard-Taubenflinte die Doppelflinte des Kalibers 12 mit einer Schrotladung von nicht mehr als eineinviertel Unzen (35 g) benützt werden mußte.

Taubenschießen war auch in einigen Ländern des Kontinents ein beliebter aber exclusiver Sport. Der führende französische Club, dessen Regeln man meist folgte, war der „Cercle des Patineurs" im Pariser Bois de Boulogne. Doch der berühmteste Treffpunkt war Monte Carlo, wo sich die besten Taubenschützen aus vielen Ländern um den Grand Prix du Casino bewarben.

50 Hirschjagd in Schottland

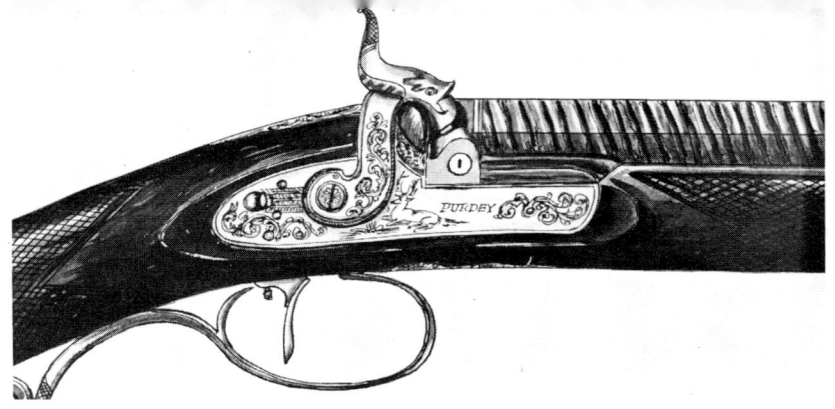

51 Rotwildbüchse Kaliber 16 von
J. Purdey, 1831, mit 10 tiefen Zügen und
Stechabzug, eine sehr genau schießende
Büchse. Der Schaft ist auf Ebenholzart
fein bearbeitet

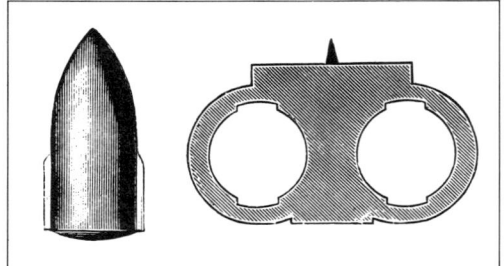

52 Mündung einer Cap-Büchse mit zwei
Zügen und einer sogenannten Flügelkugel

Doch nun zurück zur Verwendung der Perkussionszündung bei der Büchse, deren Konstruktion wie schon erwähnt auf der deutschen Jägerbüchse beruhte und die ihr auch sehr ähnlich war [Bild 51]. Sie hatte einen schweren achtkantigen Lauf mit mehreren Zügen und verschoß eine Pflasterkugel [Bild 53]; sie war halbgeschäftet mit Backe und kleiner Aussparung an der rechten Kolbenseite für die Leinwandpflaster. Die Pulverladung war verhältnismäßig klein, zu starke Ladung hätte die Führung der Kugel in den Zügen verringert und damit die Treffgenauigkeit ungünstig beeinflußt. Eine solche Büchse war zum Schuß auf Rotwild usw. auf Entfernungen zwischen 50 und 100 Yards gut geeignet.

Mehrere Ereignisse in Großbritannien und im Ausland führten zu vermehrter Beachtung der bisher nur eine geringe Rolle spielenden gezogenen Büchse: Königin Victoria bestieg im Jahr 1837 den Thron und heiratete kurz darauf den Prinzen Albert von Sachsen-Coburg. Beide liebten Schottland, besonders Balmoral, und besuchten es häufig. Prinz Albert liebte die Rotwildjagd, und so wurde die Jagd auf den Rothirsch in den schottischen Highlands zu einem fashionablen und beliebten Sport, um so mehr als Schottland nun bald mit der Eisenbahn leichter zu erreichen war.

Durch die Ausbreitung des Britischen Empire bekamen Soldaten, Beamte und Forschungsreisende ungeahnte Möglichkeiten zur Jagd auf mittleres und Großwild. In Indien, Ceylon und Afrika erfuhren die Jäger am eigenen Leib, daß sie viel stärkere Waffen als die bisherigen brauchten, wenn sie angreifende Elefanten, Büffel oder Nashörner stoppen und zur Strecke bringen wollten. Große Büchsen mit Kaliber 10 bis 4 schossen nicht mehr genau, wenn die Ladung zu stark war, und ohne die nötige Auftreffwucht war die schwere Kugel nutzlos. Der Jäger stand vor der Wahl, entweder glatte Läufe mit sehr starker Ladung zu benützen, die aber nur auf Entfernungen bis etwa 50 Yards

53 Zubehör für die Purdeybüchse Kaliber 16: Kugelform, Wergzange, Pflasterschneider, Hammer und Starter zum Bolzenlösen, Nippelschlüssel, Krätzer (Kugelzieher wird auf den Ladstock geschraubt), Pflaster und Kugeln (je 1 Unze)

54 Gamsjäger aus den Alpen mit Doppelbüchse

genau schossen, oder gut schießende Büchsen zu nehmen, die jedoch nicht die nötige Wucht für den tödlichen Knock-out lieferten, um angreifendes Großwild im Feuer zusammenbrechen zu lassen. Da das meiste Großwild auf kurze Entfernungen geschossen wurde, zogen viele Jäger den glatten Lauf mit schwerer Kugel vor. Nur auf den weiten Ebenen wie in Südafrika, wo das Wild kaum nah anzupirschen war, war die Büchse unentbehrlich. Glücklicherweise gab es eine Kompromißlösung: man benützte zweiläufige Gewehre mit zwei verhältnismäßig tiefen Zügen und runde oder konische Geschosse mit Vorsprüngen, die in die Züge einpaßten, sogenannte Flügelkugeln. Diese Geschosse konnten eine sehr starke Ladung ertragen, ohne die Züge zu überspringen. Diese Lösung bot eine vernünftige Treffgenauigkeit, hohe Anfangsgeschwindigkeit und relativ flache Flugbahn, so daß auf Entfernungen von 50 bis 100 Yards nur geringe Änderungen des Haltepunkts nötig waren [Bild 52].

Wenn Jäger mit dem Vorderlader auf gefährliches Großwild stießen, brauchten sie oft einen schnellen zweiten Schuß. Um sich nicht auf häufig unzuverlässige Gewehrträger verlassen zu müssen, kam mehr und mehr die Doppelbüchse auf [Bilder 55, 56, 57]. Dies Gewehr stellte den Höhepunkt der Kunst des Büchsenmachers dar; es war ziemlich leicht, ein einläufiges Gewehr zum genauen Schießen zu richten, aber etwas anderes war es, zwei Läufe so zusammenzulöten, daß ihr Treffpunkt auf 100 Yards genau übereinstimmte. Vor und hinter dieser Entfernung gab es ein leichtes Abweichen von der Mitte nach rechts oder links, was aber auf den normalen Schußentfernungen bei der Jagd unberücksichtigt bleiben konnte. Wenn die Läufe einer Doppelbüchse genau parallel gerichtet waren, ergab der rechte Lauf eine Abweichung nach rechts und der linke eine solche nach links.

Die neuen und noch unerforschten Jagdgründe lockten Männer voll Abenteuerlust und manchmal auch Forschungsdrang an, die über erheblichen Mut und Ausdauer

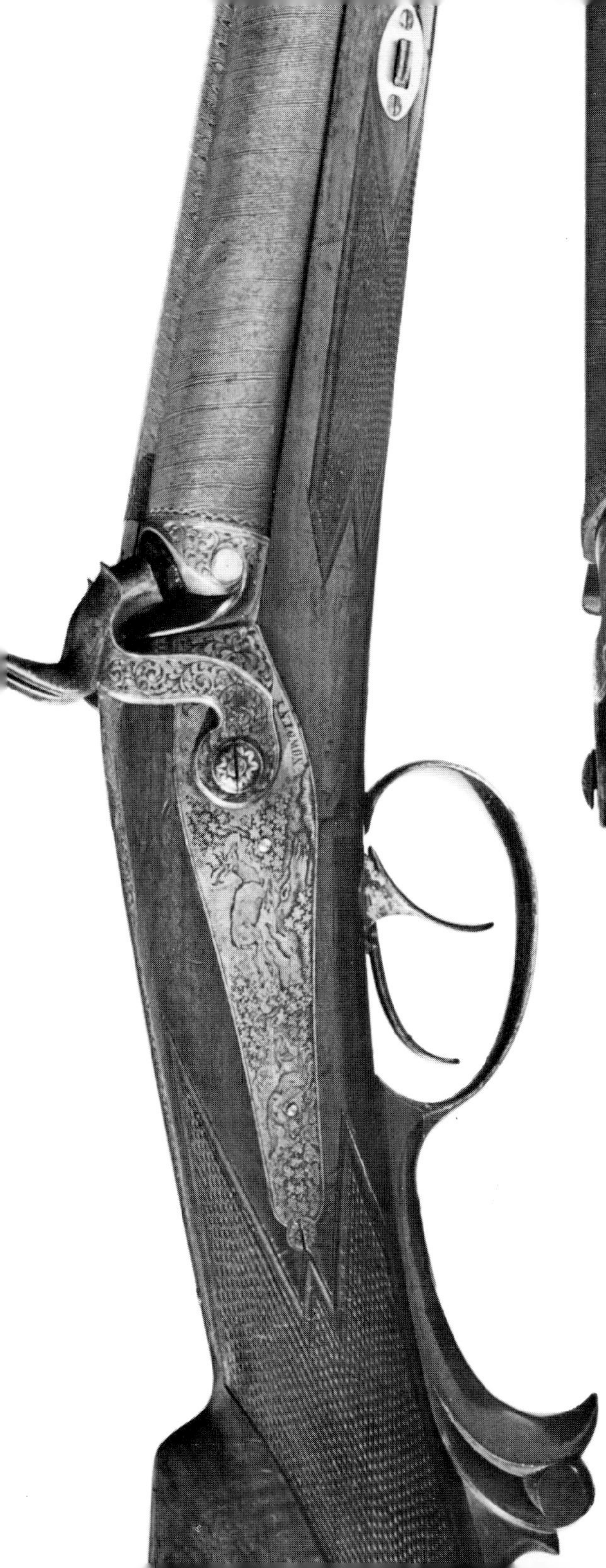

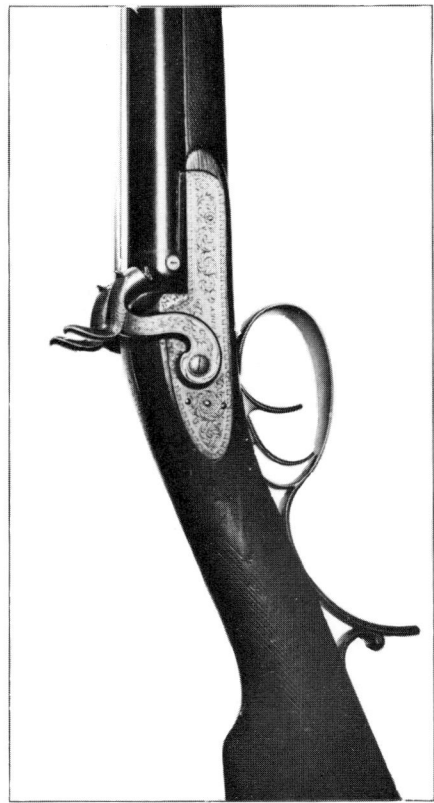

57 Rotwild-Doppelbüchse Kaliber 16
von Purdey, mit Schrot-Wechselläufen,
für den 4. Marquess of Bath, 1848.
Aus dessen Sammlung von Purdey-
gewehren in Longleat, Wiltshire

55 und 56 (links) Zwei Ansichten der
Doppelbüchse Kaliber 16 von
M. Nowotny, Wien, um 1850. Feine
Damastläufe mit außergewöhnlich
geraden Zügen im linken, normalen im
rechten Lauf. Name in Gold eingelegt

58 Roualeyn George Gordon Cumming, der bekannte Großwildjäger

59 Einläufige „Raben- und Kaninchenbüchse" von Purdey, 1850

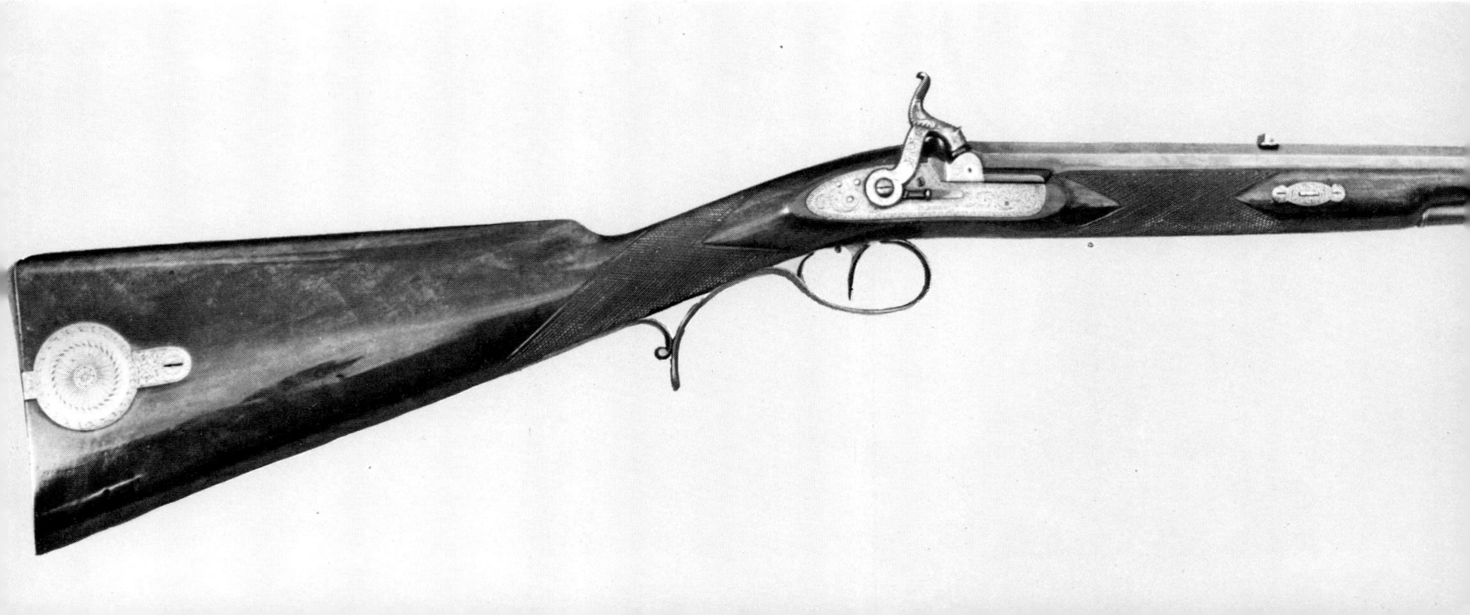

verfügen mußten. Zum Glück führten manche von ihnen die Feder ebenso gut wie die Büchse, so daß wir heute an ihrem Staunen und ihrer Erregung teilnehmen können, die sie beim Anblick der gewaltigen Wildrudel ergriff, an Orten, wohin noch nie ein Europäer seinen Fuß gesetzt hatte, und daß wir ihre hart erworbenen Erfahrungen auf der Jagd miterleben und aus ihnen lernen können. Es waren Männer wie Sir Samuel White Baker, der zuerst auf Ceylon und dann in Afrika jagte, wie H. A. Leveson, der seine Jagden in Indien unter dem Namen „Old Shekarry" beschrieb, wie William Cotton Oswell, der mit Dr. Livingstone und Murray auf Forschungsreisen war und nördlich von Südafrika jagte, und Roualeyn George Gordon Cumming, der mit seinen Ochsenwagen vom Cap nach Norden zog und Elefanten des Elfenbeins wegen jagte [Bild 58].

Diese Jäger jagten alle noch in den Tagen des Vorderladers und mußten so mit vielen Problemen fertig werden, von denen der moderne Jäger glücklicherweise verschont ist: die verzweifelten Anstrengungen, eine im Lauf klemmende Kugel mit dem Ladstock hinabzustoßen, wenn ein angeschossener Büffel oder Löwe im Begriff war anzugreifen;

oder ein Zündhütchen, das versagte, weil es in der Tasche feucht geworden war; oder der furchtbare Moment der Ungewißheit nach dem ersten Schuß auf ein annehmendes Großwild, wenn die Rauchwolke der starken Ladung alles verhüllte. Da gab es kein zweites Zielen mehr, entweder war das Wild über ihm oder er sah es zu seiner Erleichterung gestreckt liegen, wenn der Rauch des Schwarzpulvers sich verzogen hatte. Am Ende des Jagdtages mußten die Läufe ausgewaschen und die Schlösser gründlich gereinigt werden, denn ein Versager am nächsten Tag konnte den Tod des Jägers bedeuten.

Baker benützte mit Vorliebe großkalibrige Büchsen mit zwei Zügen, vorausgesetzt, daß sie starke Ladungen aushielten. Er war gegen die Verwendung von Rundkugeln

60 H. A. Leveson, „The Old Shekarry" auf der Büffeljagd in Indien. Aus „Sport in many lands"

61 Detail der Rabenbüchse von Purdey
Bild 59: Deckel für den Pflasterbehälter am
Kolben. Auf der Rückseite ist eingraviert:
„Empfohlene Ladung: 20 grains (³/₄ dram)
Pulver, Gewicht der Kugel 95 grains"
1 grain = 0,0648 gramm, 1 dram = 1,77 gramm

aus glatten Läufen, da ihre Treffgenauigkeit nur bis 50 Yards genügte. Lebenslange Erfahrung in der Jagd auf Großwild führte ihn zur Doppelbüchse des Kalibers 10 mit einer Ladung von 17,7 Gramm grobkörnigen Pulvers; sie wog 15 Pfund. Er pflegte zu Fuß zu jagen und schoß auf Entfernungen von wenigen Yards bis zu zwei- oder dreihundert Yards. Auf sehr weite Entfernungen benützte er seine einläufige Büchse mit zwei Zügen, die 22 Pfund wog, mit einer 85 Gramm schweren Gürtelkugel oder einem konischen Geschoß von 113 Gramm und einer Ladung von 29 Gramm. Dies wunderbare Gewehr war ein Werk von George Gibbs in Bristol; es war zuverlässig in der Lage, jeden Angriff eines Elefanten oder Büffels zu stoppen.

Ganz anders jagte Oswell, der in den 40er Jahren in Südafrika sein Wild zu Pferd verfolgte; seine Lieblingswaffe war ein doppelläufiges Kugelgewehr des Kalibers 10 mit 10,6 Gramm Ladung feinkörnigen Pulvers, das James Purdey speziell für ihn angefertigt hatte. Mit diesem Gewehr verfolgte er sein Wild rücksichtslos durch dichtestes Dorngestrüpp, das ihm manchmal sogar Splitter von seinem Schaft oder Kolben wegriß. Er schoß meist auf Entfernungen von 25 Yards oder weniger, nachdem er das Wild zu Stand gehetzt hatte. Ob Elefant, Nashorn oder Löwe, sein Gewehr war jeder Aufgabe gewachsen. Er saß dann zum Schuß ab, oder schoß vom Sattel. Der große Vorteil seines Gewehrs war, daß es auch im Sattel leicht zu laden war, denn die Ladung befand sich in einer Papierpatrone, und die gewachste Pflasterkugel ließ sich leicht durch den glatten Lauf stoßen. Das Schwierigste, so fand er, war das Aufsetzen des Zündhütchens.

Unter dem Namen Cap-Büchse lief eine kleinkalibrige Büchse mit zwei Zügen des Kalibers 40 oder 42, zwölf Pfund schwer, zum Schuß auf weite Entfernungen in der offenen Ebene [Bild 52].

In den Zeiten des Vorderladers waren die Chancen für Jäger und Wild oft gleich, und mancher Jäger mußte Tollkühnheit oder Fehlbeurteilung mit dem Leben oder schwersten Verletzungen bezahlen, während andere auf unglaubliche Weise davonkamen. Leveson, der „Old Shekarry" hatte einmal bei einer Elefantenjagd in Südindien solches Glück. Er feuerte zwei schnelle Schüsse hinter das Ohr eines vorbeistürmenden Elefantenbullen, der zweite Schuß warf ihn in die Knie, aber er kam sofort wieder hoch. Leveson entriß seinem Gewehrträger das Reservegewehr (eine schwere Doppelbüchse mit 56-Gramm-Geschoß) und rannte in einem ausgetrockneten Bachbett mit hohen Ufern um dem Elefanten den Weg abzuschneiden. Er hörte hinter sich Steine poltern und sah beim Rückwärtsschauen den an-

62 Aus den Jägern werden Gejagte! Angriff eines afrikanischen Nashorns, aus „Sport in many lands"

XVII Drei Großwildbüchsen: Elefantengewehr Kaliber 4, Vorderlader. Zündstiftbüchse Kaliber 10 von Rigby, und Perkussionsgewehr Kaliber 8 von Bonehill

63 Samuel White Baker und der Elefant, aus seinem Buch „Rifle and hound in Ceylon"

greifenden wütenden Elefanten. Ausweichen war unmöglich, so kniete er, zielte ruhig und feuerte auf 15 Yards. Doch seine Hand war nach dem schnellen Lauf nicht sicher genug für das schwere Gewehr, die Kugel ging zu tief und verfehlte das Gehirn des Elefanten. Im nächsten Augenblick erhielt er einen furchtbaren Schlag und wurde durch

XVII

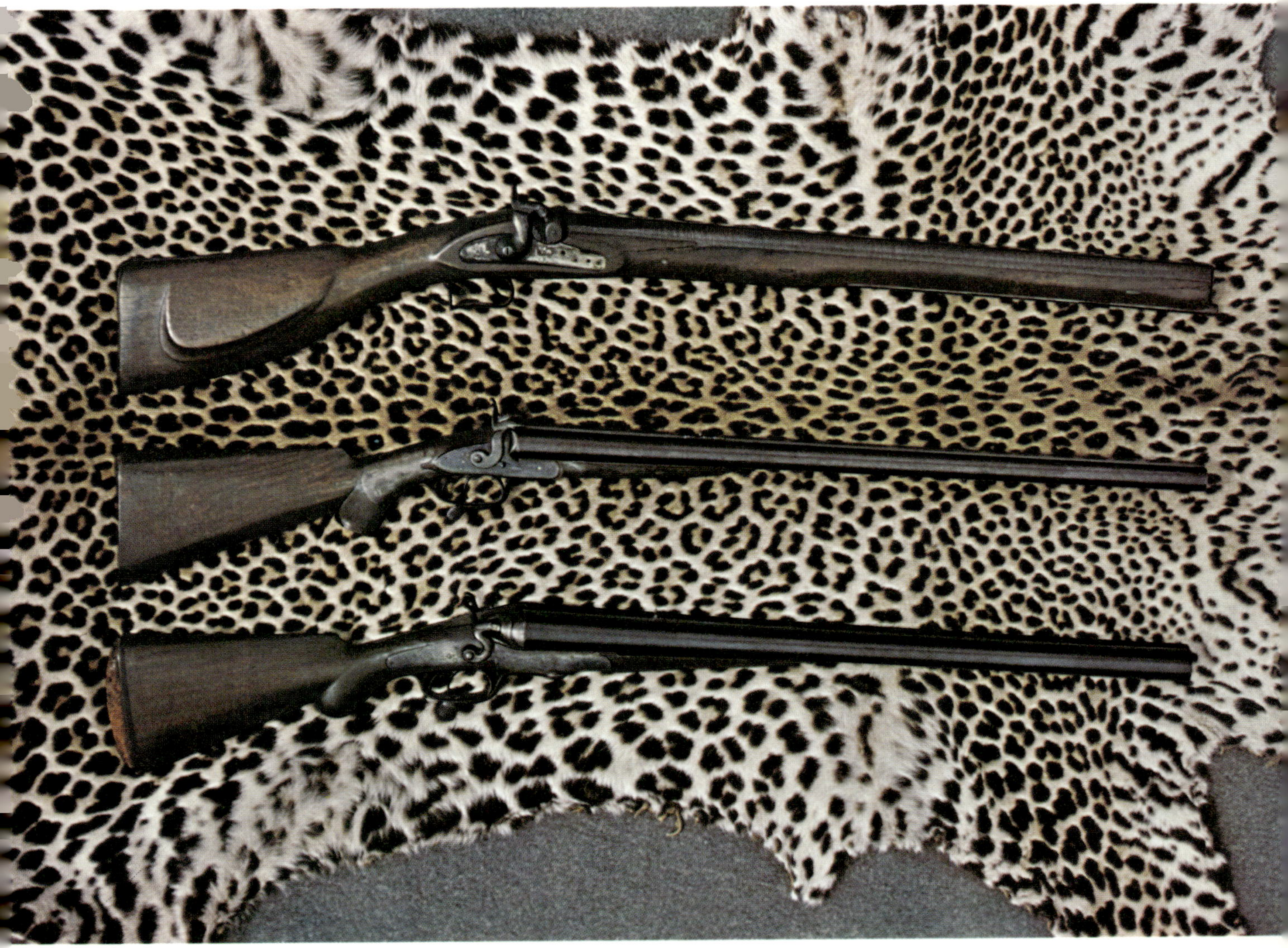

die Luft geworfen. Als er zerschlagen und im Blut liegend wieder zu sich kam, wurde er sich sofort der Gefahr bewußt und konnte sein im Bachbett liegendes Gewehr ergreifen. Im selben Moment kam der Elefant, der dem Gewehrträger gefolgt war, wieder zurück und griff an. Mit größter Mühe konnte der zerschlagene Jäger sein Gewehr heben, zielte zwischen die Augen und feuerte den zweiten Lauf ab. Als sich der Rauch verzogen hatte, lag die große graue Masse vor ihm [Tafel XV].

Auch Baker hatte ein ähnliches Erlebnis, als ein Elefantenbulle aus dem hohen Gras heraus ihn mit erhobenem Rüssel angriff. Baker schoß, aber der Rüssel verhinderte einen tödlichen Treffer. Er wurde in die Luft geworfen und landete einige Yards weg. Der wütende Elefant suchte mit erhobenem Rüssel im hohen Gras nach ihm, konnte aber zum Glück im Pulverrauch keinen Wind von ihm bekom-

64 Oswell wird von zwei Rhinos angegriffen. Aus „Big game shooting", 1894

65 Auf der Safari mit Ochsenwagen in Südafrika, wie sie die frühen Großwildjäger und Forschungsreisenden benützten. Rast nach erfolgreicher Jagd auf Antilopen

men und verzog sich schließlich. Bakers Bein schwoll zunächst ungeheuer an, doch nach wenigen Tagen konnte er wieder reiten und sogar zu Fuß jagend einen anderen Elefanten mit seiner berühmten Vier-Unzen-Büchse zur Strecke bringen [Bild 63].

Oswell wurde zweimal von Nashörnern in die Luft geworfen [Bild 64], einmal zu Fuß und das zweite Mal sogar mitsamt seinem Pferd. Mit Glück entkam er einem angreifenden Elefanten: als er versuchte, sein Pferd in Deckung zu bringen, stürzte er und sah einen mächtigen Elefantenfuß über seinen Beinen, es gelang ihm gerade noch, sie beiseite zu wenden. So unglaublich es klingen mag, die übrigen Elefantenbeine gingen über ihn weg ohne ihn zu berühren.

Wenn Jäger in der Mitte des 19. Jahrhunderts zur Jagd aufbrachen, hatten sie große Vorräte aller Art auf ihren Ochsenwagen mitzuführen [Bild 65]. Als Beispiel sei die Liste von dem aufgeführt, was Gordon Cumming auf seine Expedition 1843 mitnahm: viele Gewehre und Büchsen, Gießlöffel, Kugelformen, Ladstöcke, Schrotgürtel, Pulverflaschen, 300 Pfund Blei, 50 Pfund Zinn zum Härten der Kugeln, 10 000 vorbereitete Bleigeschosse, Säcke voll Schrot aller Größen, 100 Pfund feines Pulver, 300 Pfund grobes Pulver, 50 000 Zündhütchen, gefettete Leinwandläppchen

XVIII Auf der Entenjagd. Aquatinta, um 1850

XIX Zwei Perkussionsflinten Kaliber 15, die Lancaster für den Prinzgemahl Albert 1845 gebaut hatte, in samtgefütterten Mahagonischatullen; darunter der Ladstock

75

66 Als Samuel Baker die Kugeln ausgegangen waren, konnte er sich mit einer Ladung von Six-Pence-Stücken aus der Verlegenheit ziehen. Aus seinem Buch „Rifle and Hounds" in Ceylon"

für die Pflasterkugeln und Leinwand. Zu dieser Ausrüstung kamen noch große Vorräte an Lebensmitteln und Getränken (einschließlich dem starken „Cape-Smoke-Brandy"), Ersatzteile für Wagen und Geschirre, Kleider, Werkzeug und Waren zum Tauschen. Sie lebten zum großen Teil aus dem Lande und verzehrten große Quantitäten von Fleisch. Oswell sagt, daß Livingstone auf einer ihrer kombinierten Jagd- und Forschungsreisen vier Pfund Fleisch zum Frühstück zu essen pflegte.

Überlassen wir das letzte Wort über Großwildjagd in dieser Periode William Cotton Oswell, den Sir Samuel Baker als den größten Jäger Südafrikas, den treuesten Freund und das beste Beispiel eines englischen Gentleman bezeichnete.

Als er in den 90er Jahren auf das Afrika 50 Jahre zuvor zurückblickte, schrieb er über sein Mitgefühl für die feinen alten Tiere, die er geschossen hatte; zugegeben, daß er damals jung und voll Jagdleidenschaft war, daß viele Menschen verpflegt werden mußten und daß die Tiere nützlicher Verwendung zugeführt worden waren. Als seine besten Kameraden nannte er Murray, Vardon und Livingstone, und die Eingeborenen, mit denen er zusammengekommen war, hatte er in glücklicher Erinnerung. Er blickte zurück auf ein freies, unabhängiges Leben, auf die Entdeckung neuer Landstriche, er erinnerte sich an die Nächte, wie er neben seinem Wagen liegend den Sternhimmel betrachtete von Orten aus, wo noch kein Europäer gewesen war, und wie hinter jedem Busch etwas Neues, Fremdartiges auftauchen konnte. Die unabsehbaren Herden von Tieren soweit das Auge reichte, waren nicht mehr. Farmer, Gold- und Diamantensucher hatten das Gesicht des Landes verändert. Häuser standen da, wo er einst Elefanten geschossen hatte, und bald würde die Eisenbahn zischend und pfeifend durch all die Jagdgründe südlich des Sambesi fahren.

Doch zurück zu einem milderen Himmelsstrich, zu den staubigen Herbststoppeln und frischen Dezembertagen, wenn Fasanen wie bunte Raketen aus den Dickungen steigen, wieder zurück nach Europa, wo der Vorderlader immer noch unumstritten herrscht. In England pflegte man fast überall noch die Suchjagd mit Hunden, aber auf den Gütern passionierter Jäger führte der Wunsch mehr schießen zu können und größere Strecken zu haben, zu vermehrter Hege und Aufzucht besonders von Fasanen. Bücher wie „Gamonia or the art of preserving game" regten das Interesse dafür an. Man begann Gehölze ausgesprochen mit dem Zweck anzupflanzen, den Fasanen bessere Deckung zu verschaffen, und sie andererseits so anzulegen, daß sie bei der Jagd leicht durchzutreiben waren und den Schützen beste Schußmöglichkeiten boten. Diese Idee war neu, denn im

better view, which action probably saved my life, for immediately the brute sprang into the middle of the road, alighting about six feet from the place where I was standing; I fired a hurried shot ere he could gather himself up for another spring, and

67 „The Old Shekarry" erlegt den gefürchteten Man-eater Tiger, der schon über 100 Personen getötet hatte. Aus „Wild Sports of the World"

XX Moorhuhn- (Grouse-) Jagd in Schottland, um 1850

XXI Miniatur eines jungen Jägers im Samtrock mit Perkussionsflinte und Pulverflasche, um 1840

79

XX

XXI

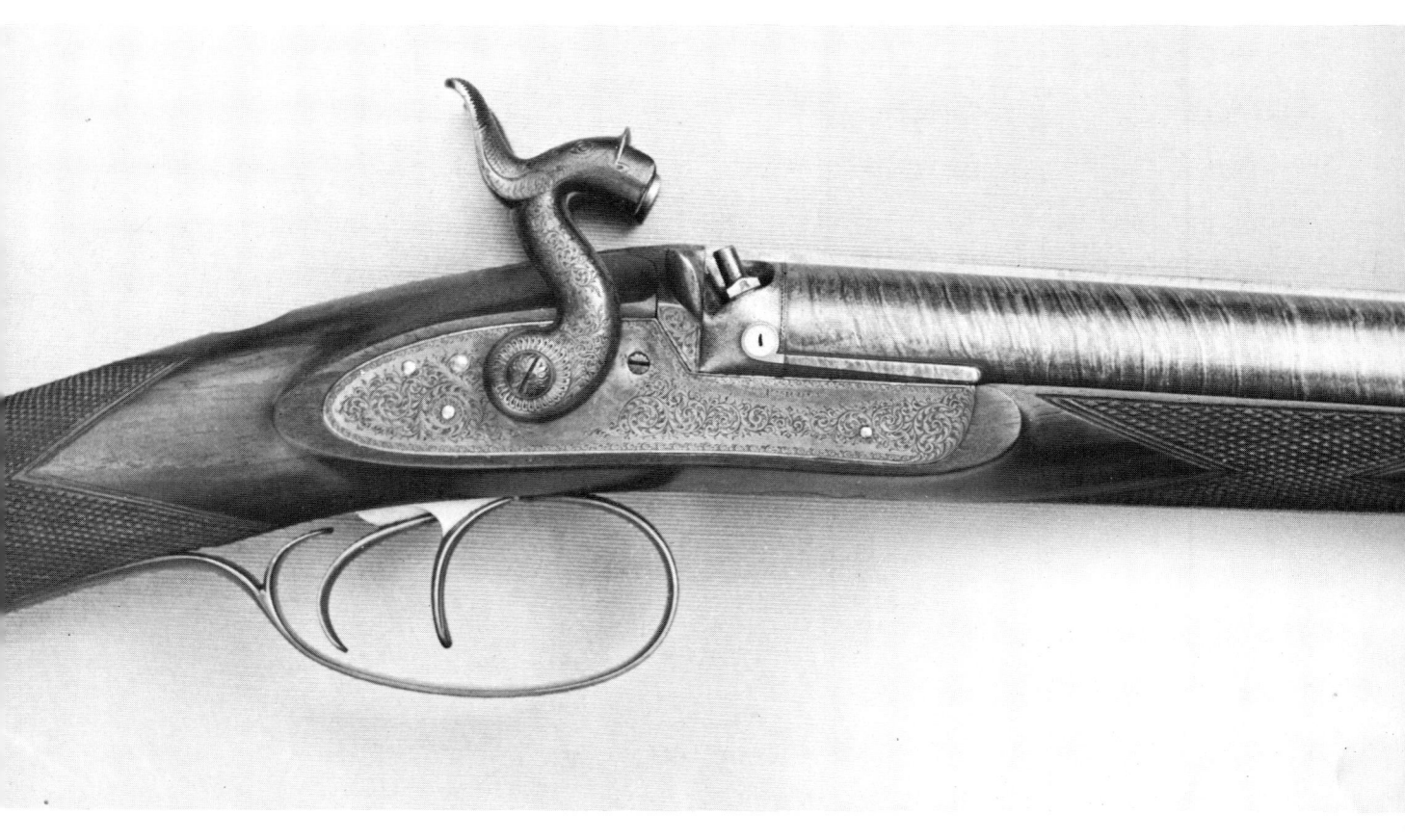

68 Feine Perkussionsdoppelflinte
des Kalibers 15 von Purdey, 1839. Schaft aus
kaukasischem Nußbaum, Damastläufe
30 Zoll lang, Gewicht 6¼ Pfund

18. Jahrhundert waren Baumgruppen und Gehölze mit dem Ziel angelegt worden, dem Ideal einer klassischen Landschaft möglichst nahe zu kommen, und im frühen 19. Jahrhundert pflanzte man Bäume, um romantische und malerische Wirkungen zu erreichen.

Wir haben gesehen, wie Joseph Manton das englische Jagdgewehr auf einen neuen Stand der Perfektion gebracht hatte. Bald folgten andere Büchsenmacher seinem Vorbild und verbesserten seine feinen Gewehre. Tatsächlich hatten manche von ihnen, die später berühmt wurden, zuerst für Manton gearbeitet. James Purdey, der Manton verlassen hatte um Forsyth zu helfen, machte sich 1814 in Princes

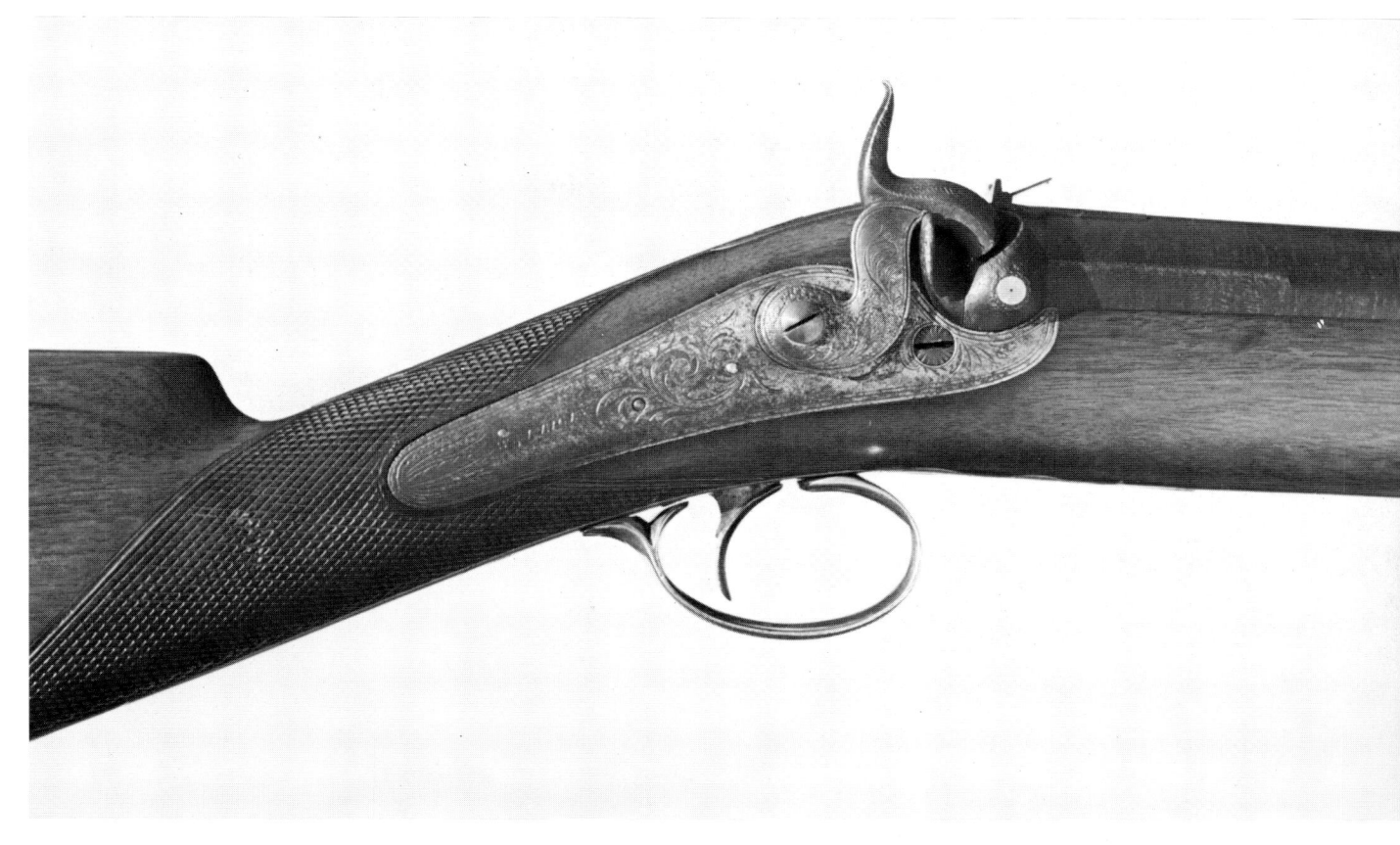

Street, Leicester Square in London selbständig. Seine vorzüglichen Jagdwaffen [Bild 49] und seine frühzeitige Verwendung des Kupferzündhütchens brachten ihm Erfolg und ermöglichten es ihm 1826 die Räumlichkeiten von Manton in Oxford Street zu übernehmen. Charles Lancaster, der ein ausgezeichneter Laufbohrer für die Mantons und andere führende Büchsenmacher gewesen war, soll nach Hawker vielen Büchsenmachern erlaubt haben, ihre Namen auf von ihm selbst hergestellte Gewehre zu setzen. Als Lancaster im Jahr 1826, nachdem Joe Manton sich zurückgezogen hatte, sich selbständig machte, galt er nach Hawker als einer der besten im Bau von Flinten und Büchsen.

69 Entenflinte des Kalibers 4 von Rigby, London & Dublin, Messingmontierung, 48 Zoll lange Läufe, Gewicht 15 Pfund. Mit Klappvisier für Weitschüsse, um 1850

XXII Ein Paar einläufige „Bar-in-wood"-Flinten von Purdey mit Damastläufen und Nußbaumschäften, mit Zubehör, 1879; darunter Purdey-Doppelflinte, 1868. Beide in Originalschatullen

XXIII Getriebene Moorhühner. Farbstich von A. Stuart-Wortley. Die Schützen führen Hammergewehre, um 1880

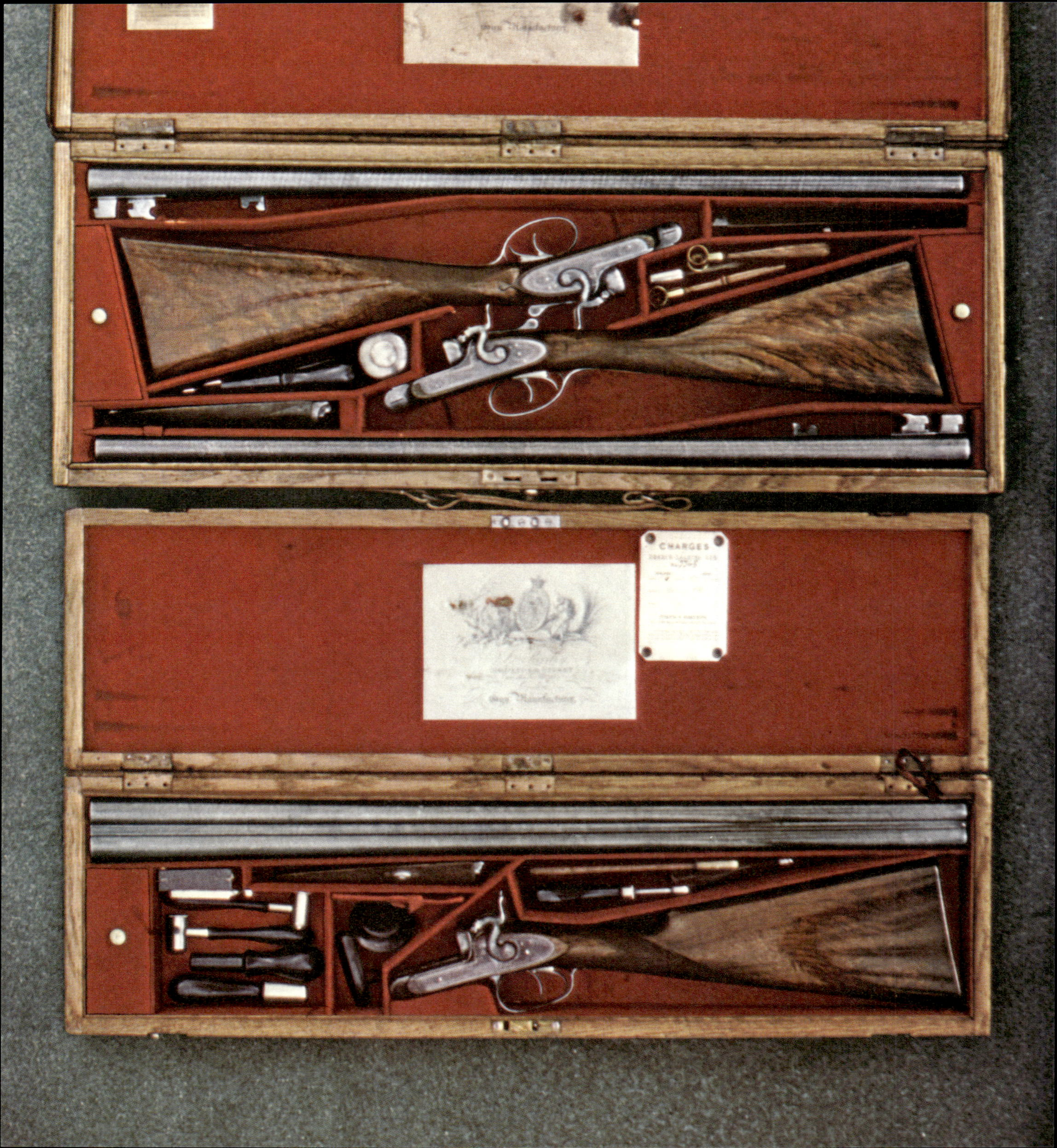

XXII

XXIII

FÜNFTES KAPITEL

Die Entwicklung des Hinterladers

Die große Ausstellung von 1851 in London, die Prinz Albert angeregt hatte, wurde der Ausgangspunkt für die endgültige Entwicklung der modernen Hinterladergewehre. Bei dieser Gelegenheit erkannte Joseph Lang, ein schon bekannter Hersteller feiner Jagdgewehre, die großen Möglichkeiten der Hinterladerwaffen, die der Pariser Büchsenmacher Lefaucheux ausgestellt hatte [Bild 71]. Schon im Jahr 1812 hatte der Franzose Pauly ein Hinterladergewehr mit Kippläufen entwickelt, und 1829 ließ Pottet eine Metall- und Kartonpatrone mit einer Art Zündhütchen am Patronenboden patentieren. Das Lefaucheux-Gewehr hatte Kippläufe, die in einem Scharnier ähnlich den modernen Zwillingswaffen beweglich waren und beim Schließen durch einen von Hebel bewegten Zapfen gesichert wurden, der in einen Laufhaken eingriff. Die zugehörige Kartonpatrone hatte einen Messingboden, aus dem rechtwinklig ein Zündstift hervorragte. Das Ende dieses Stifts entzündete beim Abfeuern die im Innern der Patrone befindliche Zündkapsel. [Bild 72]. Diese Patrone hatte der Pariser Büchsenmacher Houllier im Jahr 1850 entwickelt. Obwohl das Lefaucheux-Gewehr und diese Patrone noch verhältnismäßig roh waren, verkörperten sie doch schon die Hauptprinzipien, auf denen weitergebaut werden konnte. Die Patrone war gasdicht und vereinigte in sich Zündung, Pulver- und Schrotladung, während das Gewehr eine sehr einfache Art des Öffnens und Schließens hatte, die in den folgenden Jahren verwendet und wesentlich verbessert wurde.

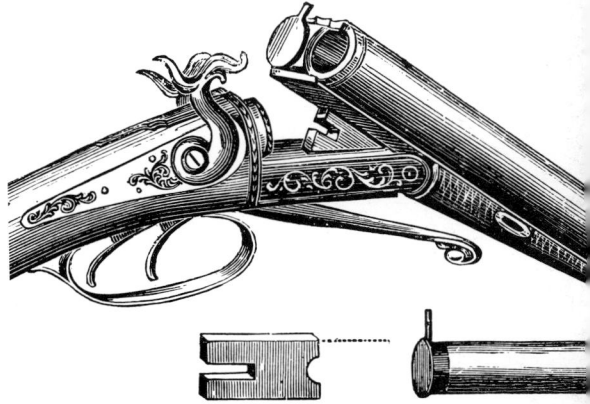

71 Der Original-Lefaucheux-Hinterlader mit Kippläufen, rückliegendem Schloß und starken Hämmern. Darunter der Laufhaken und die Patrone

70 (*gegenüber*) Eine heiße Ecke bei der Fasanenjagd

XXIV

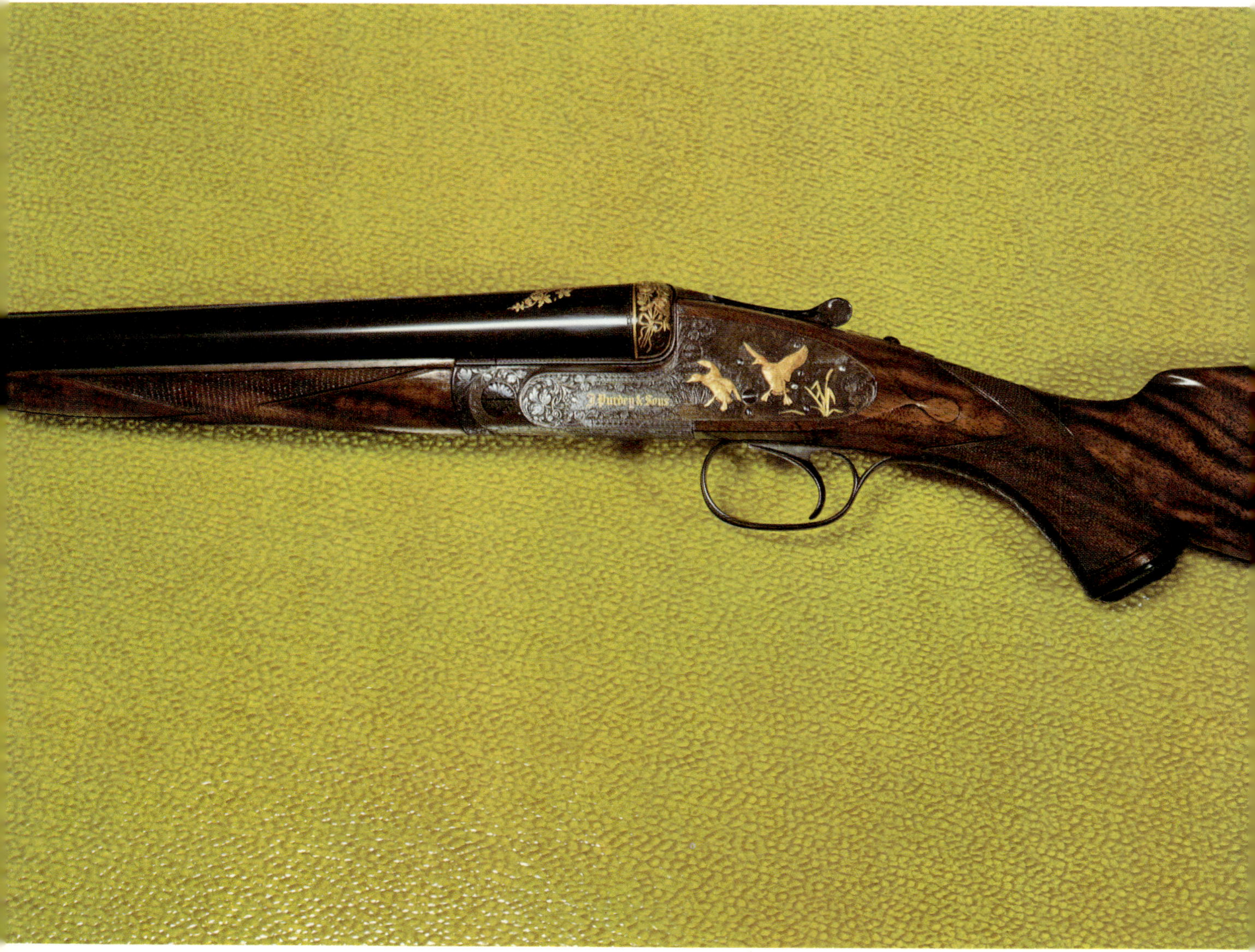

Es ist Langs großes Verdienst, daß er innerhalb weniger Monate seine eigene verbesserte Version dieses Gewehrs herausbrachte. Schon in diesem Stadium hatte es ein typisch englisches Aussehen. Andere Büchsenmacher folgten bald nach. 1852 entwickelte Lancaster eine bemerkenswerte Zentralfeuerpatrone für sein Gewehr mit Auszieher. Früher hatte man die abgeschossene Patronenhülse am Zündstift herauzien müssen. Der Hebel zum Öffnen und Schließen wurde bei seinem Gewehr über den Abzugsbügel zurückgeschwungen [Bild 73].

Bastin Lepage entwarf ein System, bei dem die Läufe nicht gekippt, sondern durch einen Hebel nach vorn geschoben wurden, doch erwies sich dies als wenig befriedigend [Bild 74]. Die Büchsenmacher konzentrierten sich nun auf die Verbesserung des Kipplaufgewehrs und eine Anzahl von interessanten Systemen wurde gebaut, die bis in die Zeit der Zentralfeuerpatrone im Gebrauch blieben [Bild 79]. Da gab es das Dougal-System, bei dem die Läufe vor dem Abkippen durch einen Hebel nach vorn bewegt und in umgekehrter Reihenfolge wieder geschlossen wurden. Beim Westley-Richards-System wurde der Verschluß durch einen Schnappriegel betätigt. Bei einem frühen System von Purdey wurden die Läufe durch einen Daumenhebel gekippt, der vorn am Abzugsbügel lag, beim Schließen wurden die Laufhaken automatisch verriegelt. Das beliebteste System war das, bei dem der Laufhaken durch einen starken Unterhebel mit Schraube verriegelt wurde, wenn er in seine Ausgangsstellung unter dem Abzugsbügel zurückbewegt wurde [Bild 80].

Die Einführung dieser Hinterlader mit Zündstift wurde teils begrüßt, teils bitter bekämpft; in den Sportzeitschriften wurden wahre Schlachten für und wider geschlagen, bis in den Jahren 1858 und 1859 der Herausgeber der Zeitschrift *The Field*, Mr. Walsh, ein Vergleichsschießen zwischen Vorder- und Hinterladergewehren durchführen ließ. Die Vorderlader gewannen zwar hierbei noch, aber bei der zweiten Prüfung nur mit ganz knappem Vorsprung.

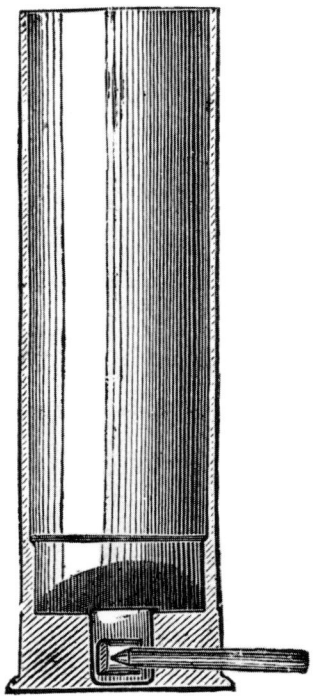

72 Durchschnitt durch eine Zündstiftpatrone mit Zünd- oder Schlagstift und Zündhütchen im Patronenboden

XXIV Neue Purdey-Flinte mit reicher Gravur und Goldeinlage

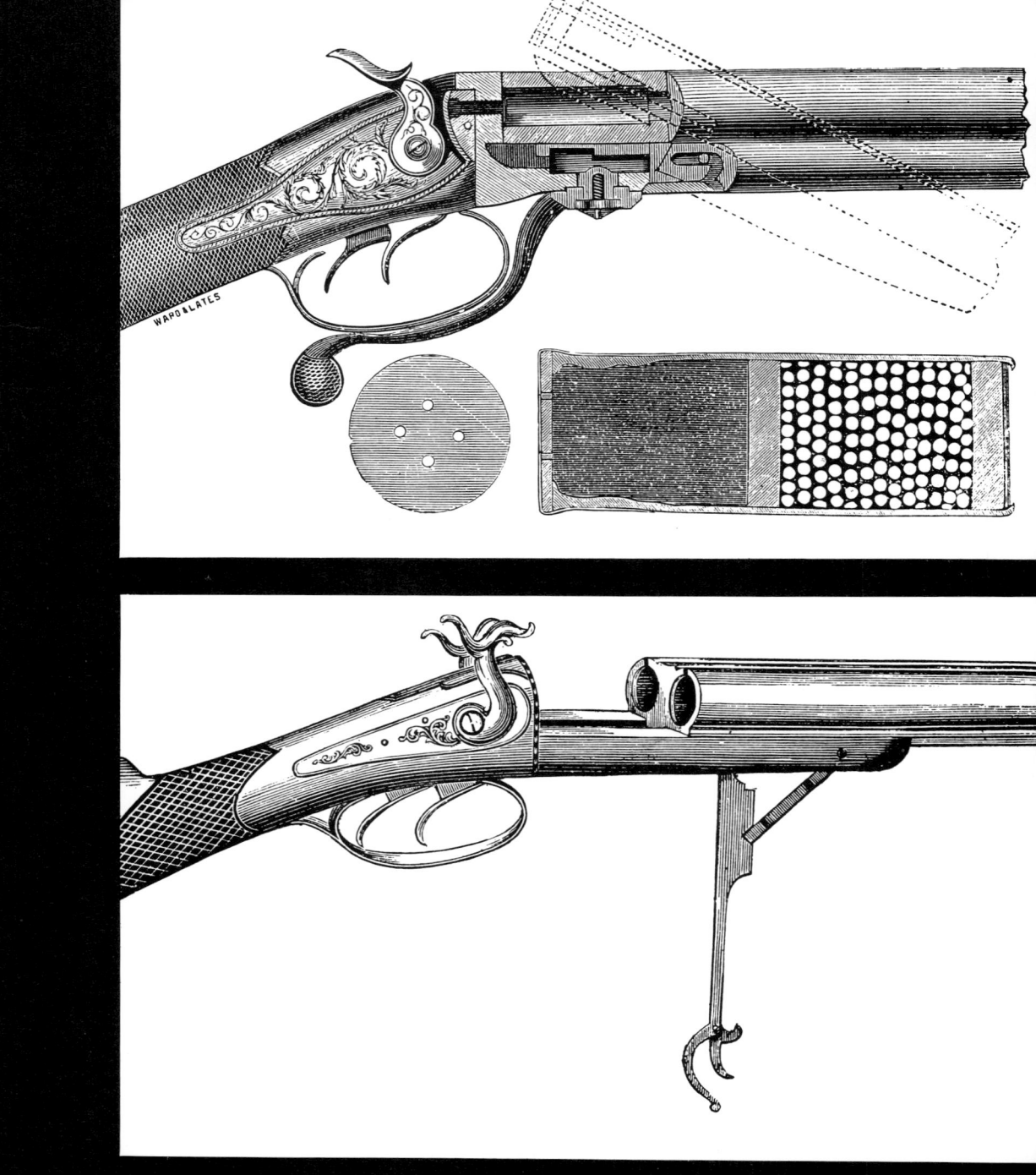

Es ist interessant festzustellen, daß das Gewicht der Hinterlader im Durchschnitt etwa um ein Pfund höher und die Pulverladung im allgemeinen um ein halbes Gramm größer war. Aber die Leichtigkeit und Sicherheit des Ladens und Entladens des Hinterladers glich nach Ansicht vieler Sportsleute die zunächst noch etwas geringeren Schußleistungen bei weitem aus.

Einer der schärfsten Gegner des Hinterladers war der bekannte Büchsenmacher W. Greener aus Birmingham, der für die Anwendung von wissenschaftlichen Grundlagen beim Bau seiner Gewehre bekannt und berühmt war. Nachdem er bisher alle seine Kenntnisse und Erfahrungen der Verbesserung der Vorderladerflinten und -büchsen gewidmet hatte, betrachtete er den Neuankömmling mit Verachtung und gebrauchte dabei nicht immer wissenschaftliche Ausdrücke! In seinem Buch *Gunnery* von 1858 legte er seine Einwände im einzelnen dar. Sicher waren manche Kritiken an den ersten Zündstiftsystemen berechtigt. Manche Verschlüsse waren besonders bei längerem Gebrauch nicht stark genug; die Gewehre waren schwerer und nicht so gut ausbalanciert; sie brauchten mehr Pulver und hatten deshalb stärkeren Rückstoß; die runde Form des Pulversacks beim Vorderlader war für die Verbrennung günstiger als der glatte Abschluß des Hinterladers, der den frühen Steinschloßgewehren ähnlich

75 Interessante Zündstift-Flinte von Purdey, 1863, mit Unterhebel und Griffsicherung. Sammlung Marquess of Bath

73 *(gegenüber oben)* Zentralfeuer-Hinterlader und Patrone von Lancaster, 1852. Die Zündflamme schlug durch den perforierten Patronenboden

74 *(gegenüber unten)* Hinterlader von Bastin Lepage mit vorwärtsgleitenden Läufen

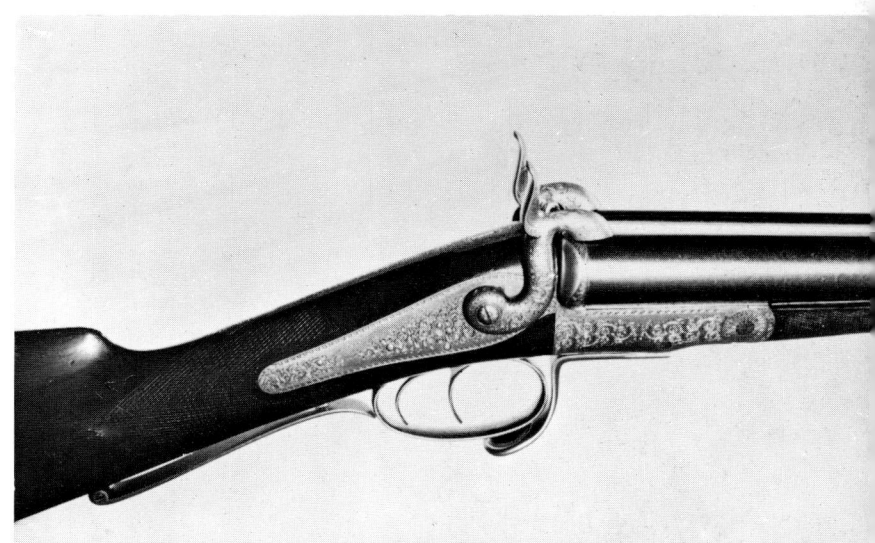

76 Laufbohren in Birmingham, um 1850, aus
Greeners „Gunnery"

77 Dreifaches aufgewickeltes Eisen- und
Stahlband für die Fertigung von Damastläufen. Es wird über einem gehärteten Dorn
weißglühend geschmiedet und geschweißt

war; zudem konnte Gas am Verschluß und um den Zündstift entweichen, was einen Abfall der Schußleistung bedeutete.

Ganz anderer Ansicht war H. A. Leveson. Er wies auf die größere Sicherheit des Ladens mit gesenkter Mündung hin und betonte, daß es beim Hinterlader nicht mehr möglich sei, einen Lauf doppelt zu laden. Es bestehe auch keine Gefahr mehr, daß die Pulverflasche explodiere, wenn beim Hineinschütten des Pulvers noch ein glimmender Rest Werg oder ähnliches im Lauf war. Die Läufe könnten leichter auf Schmutz oder Verstopfung durch Schnee kontrolliert und gereinigt werden. Wie langweilig war es oft, wenn beim Treiben die ganze Schützenlinie warten mußte, bis vielleicht ein älterer Gentleman in seinen Taschen nach Wergpfropfen, Zündhütchen, Schrot und Pulverflasche suchte. Den Kolben brauche man beim Laden nicht mehr in den Schlamm zu setzen und niemand, der einen Hinterlader benutzte, brauche sich Blasen an den Fingern beim Hinunterrammen der Ladung durch einen rauhen Lauf holen oder sich beim Einsetzen des Zündhütchens im Winter über von Kälte stumpfe Finger ärgern. Leveson fand es auch vorteilhaft, in Sekundenschnelle die Patrone wechseln zu können, wenn statt der erwarteten Schnepfe plötzlich eine Ente erschien.

Im Hin und Wider der Argumente gebrauchten viele Jäger ihre Vorderlader weiter, und manche ließen sich sogar neue bauen. Besonders traf dies zu für Teilnehmer an Preisschießen auf Tauben, und bis in die 1860er Jahre wurden Vorderlader mit Perkussionszündung hergestellt.

Bei diesen frühen Zündstiftgewehren wurden entweder Läufe für Vorderlader verwendet, oder sie waren selbst umgearbeitete Vorderladergewehre. Das Patronenlager war dabei verhältnismäßig dünn; solche Läufe, die speziell für Hinterlader angefertigt wurden, wurden am hinteren Laufende dicker geschmiedet, als Verstärkung sowohl für das Patronenlager als auch für das Anlöten der Laufhaken. Für die Läufe, es waren nun meist Damastläufe, wurde höherprozentiger Stahl verwendet [Bild 78]. Zu ihrer Herstellung wurden Bänder abwechselnd aus Eisen und Stahl zusammengeschmiedet und über einem gehärteten Dorn auf einem speziellen Amboß eng gewickelt [Bild 77]. Nach dem Zusammenschweißen, Hämmern, Bohren und Glätten ergab sich das Damastmuster durch das Bräunieren, wobei das Eisen eine tiefbraune Farbe erhielt, während der Stahl hell blieb [Bilder 76 und 78].

In vielen Teilen Europas stellte man diese Damaszener-Stahlläufe her; besonders beliebt und berühmt wegen ihrer feinen Musterung waren die aus Lüttich stammenden. Die Laufschmiede in Birmingham bevorzugten kräftigere Muster. Es ist kein Zweifel, daß solche Läufe oft wahre Kunstwerke sind, die den Jagdgewehren dieser Periode ihren eigenen Charakter verleihen. Die besten von ihnen sind außerordentlich stark, und manche, obwohl hundert Jahre alt, bestehen sogar die Beschußprobe mit rauchlosem Pulver [Bild 85].

Das Hinterladergewehr hatte eben erst begonnen, den Vorderlader zu schlagen, als im Jahr 1861 George Daw eine Patrone in England einführte, die in allem Wesentlichen der modernen Zentralfeuerpatrone entspricht. Diese im Jahr 1855 in Paris patentierte Patrone ist die Erfindung von Clement Pottet. Sie erwies sich bald als ideal für die Schrotflinte. Die bisherige Zündstiftpatrone hatte verschiedene Nachteile: Sie war ziemlich ungeschickt zu laden, da der Zündstift genau in die Aussparung am Laufende eingesetzt werden mußte, ein verrosteter Zündstift konnte steckenbleiben und somit das Zündhütchen nicht durchschlagen und entzünden, doch das schlimmste war, daß es gefährlich war, diese Patronen lose in der Tasche zu tragen, da sie — natürlich mit Schwarzpulver geladen — bei einem Sturz oder scharfen Schlag auf den Stift sich entzünden konnten.

Bald nach Einführung dieser neuen Patrone wurden viele Hahnengewehre (in England Hammergewehre genannt) für Zentralfeuerpatronen konstruiert, die innerhalb weniger Jahre sowohl den Vorderlader wie die Zündstiftpatrone ver-

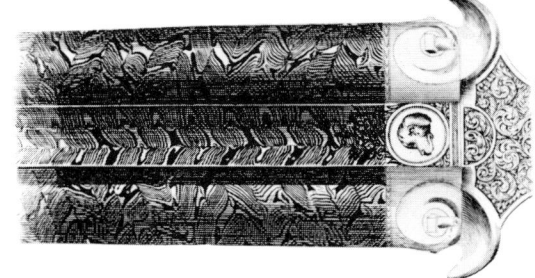

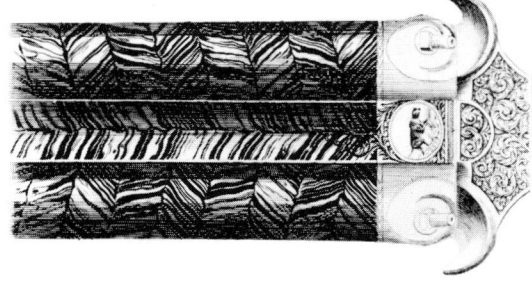

78 Verschiedene Typen von Damastläufen

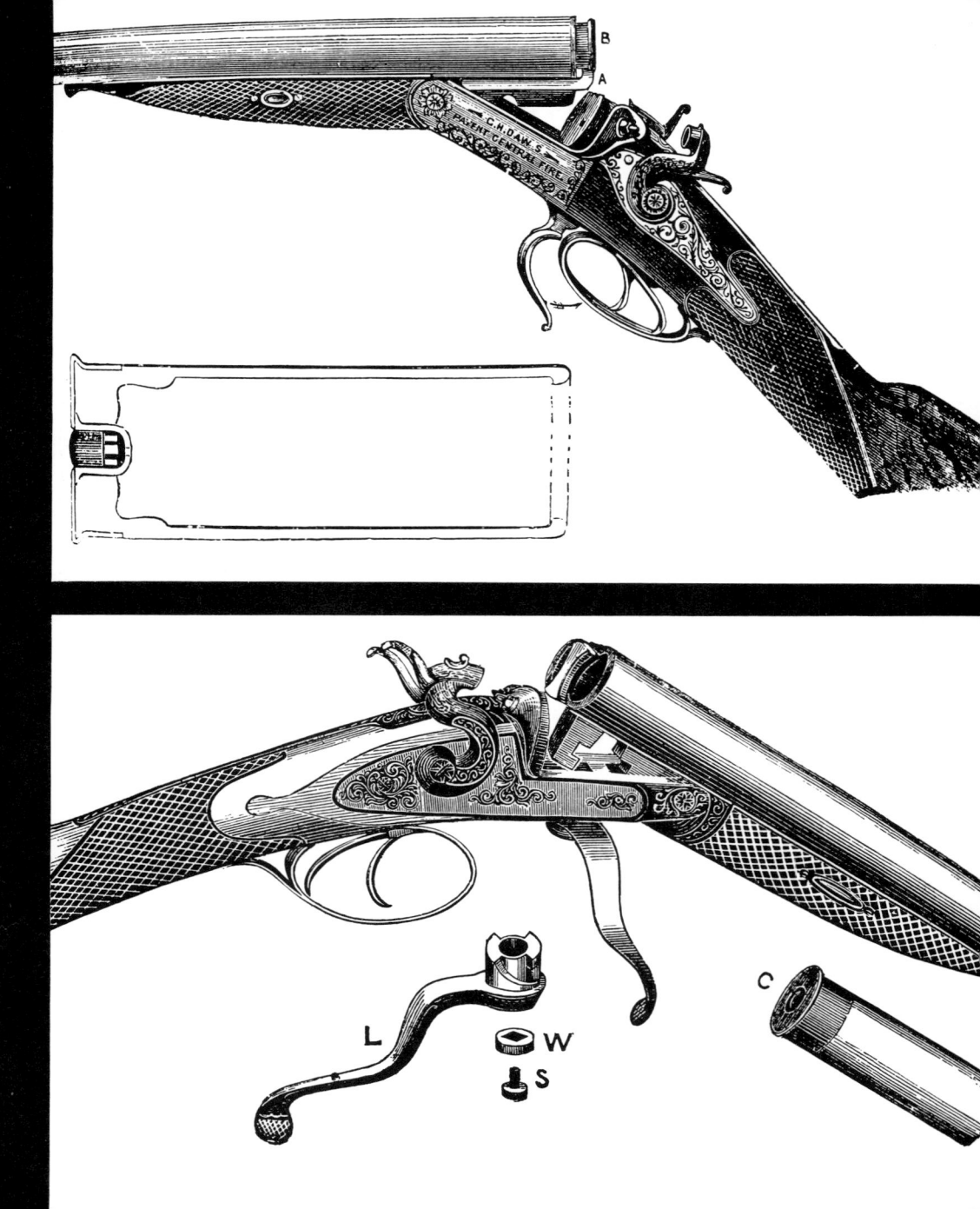

drängten. Die Zentralfeuerpatrone wurde durch einen Schlagbolzen entzündet, der durch die geschlossene Stoßplatte der Basküle ging. Der Hammer, der den Bolzen traf, war kleiner als der bisherige große Hahn. Wegen seiner Stärke und Einfachheit wurde meist der Unterhebel-Schraubverschluß verwendet, besonders bei großkalibrigen Flinten und Büchsen.

Einige früheren Verschlußtypen wurden verbessert, aber im Jahr 1867 wurde der wichtige Purdey-Riegel eingeführt, ein sicherer Schnappverschluß mit obenliegendem Hebel [Bild 84]. Rückliegende Schlösser, bei denen die Hauptfeder hinter dem Hammer liegt, waren im allgemeinen bei Zündstiftgewehren verwendet worden; mit der Einführung der

81 Schmieden von Damastläufen in Birmingham, um 1850

79 *(gegenüber)* Zentralfeuerpatrone und Flinte von Daw, 1861. Die Patrone unterscheidet sich wenig von der heutigen Schrotpatrone

80 *(gegenüber unten)* Verschlußhebel einer Kipplaufflinte mit Schraube und Zentralfeuerpatrone

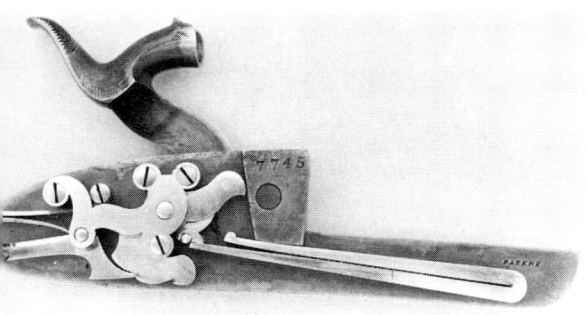

82 Rückspringschloß aus einer Flinte von Kaliber 12, von Purdey

83 Zentralfeuer-Hammerflinte von Purdey, 1868, mit Unterhebel. Schnappverschluß und Rückspringschlössern

Zentralfeuerpatrone wurden einige vorwärtsliegende Schloßtypen wieder benützt. Sehr wichtig war das Rückspringschloß um 1866, bei dem der Hammer nach dem Schuß zur Halbspannung zurücksprang und den Schlagstift hinter die Stoßplatte zurückführte, was das Öffnen und Schließen des Verschlusses sehr erleichterte und beschleunigte. Eine weitere Verbesserung war eine Feder, die den Schlagstift hinter der Stoßplatte festhielt.

Es gab nun viele Systeme des Hammergewehrs, mit Schraub- oder Schnappverschluß, mit Unterhebel, Oberhebel und Seitenhebel, einige mit rückliegenden, andere mit vorwärtsliegenden oder Stangenschlössern. Die elegantesten waren die von James Purdey gebauten [Bild 85].

In den 1870er Jahren wurden vorzügliche Hammergewehre mit feingemusterten Damastläufen, Purdey-Riegelverschlüssen mit Oberhebel und delphinförmigen graziösen Hammerköpfen gefertigt. Die Schäfte waren aus schön gemasertem kaukasischem Nußbaum, die Verschlüsse und Beschläge waren mit feiner Blumengravur verziert.

Zahlreiche Büchsenmacher waren in der Lage, elegante Hammergewehre zu bauen: unter diesen sind Boss, Grant, Greener, Holland & Holland, Lang, Lancaster, Rigby, Webley und Scott noch heute wohlbekannte Firmen.

W. W. Greeners Einführung seiner Methode der Choke-Bohrung im Jahr 1874 bedeutete den nächsten wichtigen Schritt im Bau der Schrotflinte. Sie verhinderte eine zu große Streuung des Schrotschusses. Greener, dessen Vater den Hinterlader noch so erbittert bekämpft hatte, garantierte bei seinen Flinten ein für die damalige Zeit unerhört enges Trefferbild, was natürlich weites Aufsehen erregte, und so erhielt der schon genannte Herausgeber von *The Field* zahlreiche ungläubige Zuschriften. Er veranstaltete im Jahr 1875 ein öffentliches Probe- und Taubenschießen im Gun Club Notting Hill, das Greeners Behauptungen bestätigte.

84 Bar-in-wood-Hammerflinte von Purdey, 1879, mit Oberhebel und Purdey-Bolzen

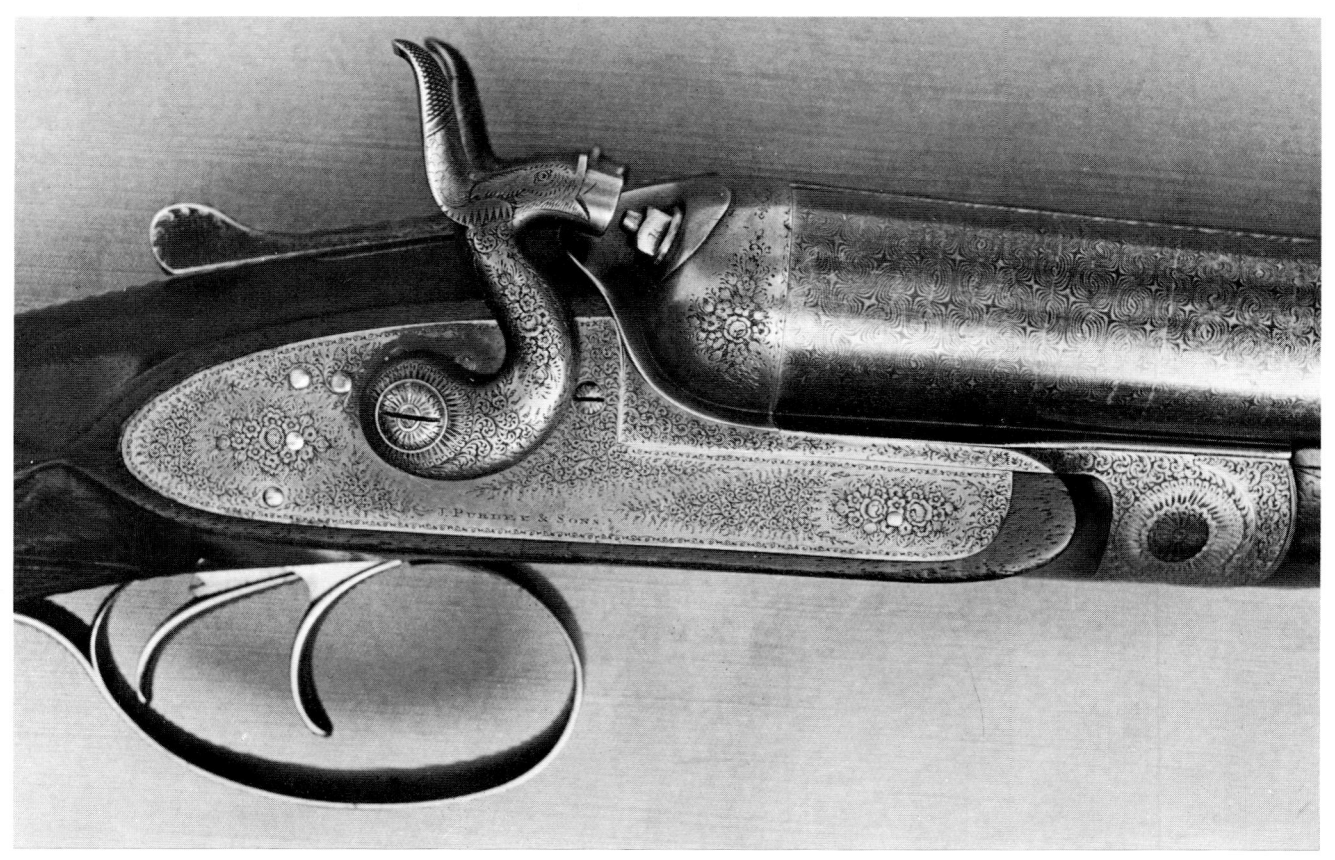

85 Bar-in-wood-Hammerflinte von Purdey.
Die zarte Blumengravur ist seine Standard-
gravur bis heute geblieben

Auch der Büchsenmacher Pape in Newcastle hatte seine
eigene Methode der Choke-Bohrung, doch zweifellos war es
Greener, der diese Erfindung voll in die Öffentlichkeit
brachte. Endlich war das Problem gelöst, einen eng schießenden Lauf zu bauen, das die Büchsenmacher schon so
lange beschäftigt hatte. Die Schußleistungen der Hammer-
flinten der späten 1870er Jahre sind seitdem kaum verbessert worden.

Doch nun wieder zurück zur Ausübung des Jagdsports in
Großbritannien. Die Erweiterung des Eisenbahnnetzes hatte
auch entlegene Landesteile leicht zugänglich gemacht. So
war es für die berühmten Meisterschützen zur Gewohnheit

geworden, auch weite Reisen nicht zu scheuen, um an Jagden teilnehmen zu können, die die größten Strecken versprachen. Auf den großen Besitzungen, wo bisher nur gelegentliche Treibjagden mit wenigen Schützen stattgefunden hatten, wurden nun großzügig organisierte Jagden mit vielen Treibern abgehalten. Wo man früher einige hundert Fasanen aufgezogen hatte, waren es jetzt Tausende. Colonel Hawker hatte zwischen 1802 und 1853 nur 575 Fasanen erlegt; des bekannten Schützen Lord Ripon Strecke dagegen zwischen 1876 und 1895 betrug nicht weniger als 111 190 Fasanen! Hawker hatte 7035 Hühner meist auf der Suche erlegt, Lord Ripons Schußbuch wies dagegen 89 401 meist getriebene Hühner auf. Sicher war Hawkers Leistung eben-

86 Treiben auf Hühner! Im Hintergrund die Treiber mit weißen Flaggen. Die Schützen haben natürlich Büchsenspanner

87 John Buckle, der alte Hauptwildhüter von Merton, 1887

so hoch zu veranschlagen und seine kleinere Strecke hatte ihm die gleiche Befriedigung verschafft. Er bejagte nur seine eigenen Reviere und die einiger Nachbarn, während Lord Ripon auf den besten Revieren Großbritanniens und des Kontinents jagte. Unter den letzteren waren die ungarischen Reviere des Baron Hirsch berühmt wegen ihrer ungeheuren Wildbestände.

Zahlreiche Wildhüter fanden nun ihren Erwerb in der Aufzucht der Fasanen und im Jagdschutz [Bild 87], und ganze Armeen von Treibern wurden für die großen Jagden aufgeboten. Das Schießen und Jagen in diesem großen Stil war ein recht kostspieliger Zeitvertreib für Jagdherrn und Schützen geworden, wie er nur in einer Zeit des Reichtums und der Privilegien möglich war.

Die Freude eines Sportsmanns zu einer so fashionablen Jagd eingeladen zu werden, mag manchmal vielleicht etwas gedämpft worden sein durch die Tatsache, daß man von seiner Gattin erwartete, jeden Tag in vier verschiedenen Kostümen oder Kleidern zu erscheinen: zu Frühstück, Lunch, Tee und Dinner. Zudem war es nicht üblich, dasselbe Kleid zweimal zu tragen, dies bedeutete also zwölf neue Kleider oder Kostüme für eine dreitägige Jagd. Kein Wunder, daß die Damen sich über solche Einladungen freuten!

Diese Art des Schießens in der späten Viktorianischen Periode und in der Zeit Edwards VII. unterschied sich natürlich gewaltig vom Jagdbetrieb in der ersten Hälfte des Jahrhunderts. Es gab aber immer noch viele, die in der traditionellen Art der Suche mit Hunden jagten, und andere, die den modischen Stil in bescheidener Weise kopierten, so gut es eben ihre finanziellen Verhältnisse erlaubten.

Das Hahnen- oder Hammergewehr hatte dem Schützen viele Erleichterungen im Vergleich zum Vorderlader gebracht. Nun machten es erfindungsreiche Büchsenmacher dem Schützen noch leichter dadurch, daß er nicht einmal mehr den Hahn spannen mußte. Die ersten hahnlosen oder „hammerless" Gewehre benützten das System von Murcott

[Bild 89], das im Jahr 1871 patentiert wurde. Der innenliegende Hammer wurde durch das Vorwärtsbewegen des Unterhebels gespannt, der gleichzeitig den Laufhaken zum Kippen des Laufs freigab. Das System war einfach, und auch das Schließen der Flinte erforderte keine besondere Anstrengung. Andere Systeme wurden erfunden, das wichtigste war das von Anson & Deeley 1875, das Westley Richards auf den Markt brachte. Dies System mit seiner Stärke und Einfachheit bildet die Grundlage für fast alle modernen Flinten mit Kastenverschluß.

Eine Vielfalt von anderen Erfindungen folgte, deren beste in den heutigen Jagdgewehren verwirklicht sind. Die innenliegenden Hämmer werden durch die Bewegung der Läufe entweder beim Abkippen oder beim Schließen gespannt.

Als die hahnlosen Gewehre in den 1880er Jahren das Feld eroberten, gab es natürlich Schützen, die gern auf den ersten Blick gesehen hätten, welcher Lauf der Doppelflinte abgeschossen war. Als Folge davon gab es Flinten, die einen Anzeiger auf der Außenseite des Schlosses hatte; die Flinte von Scott hatte sogar kleine runde Fensterchen, durch die man sehen konnte, welches Schloß gespannt war. Ein wichtiger Punkt des hahnlosen Gewehrs war die Sicherung; alle

88 Vier der besten Schützen in England: Maharadscha Duleep Singh stehend, von links: Lord Huntingfield, Lord Ripon, Lord Walsingham

89 Der Mechanismus der hammerlosen Flinte von Murcott, 1871. Die innenliegenden Hämmer werden durch die Vorbewegung des Hebels gespannt

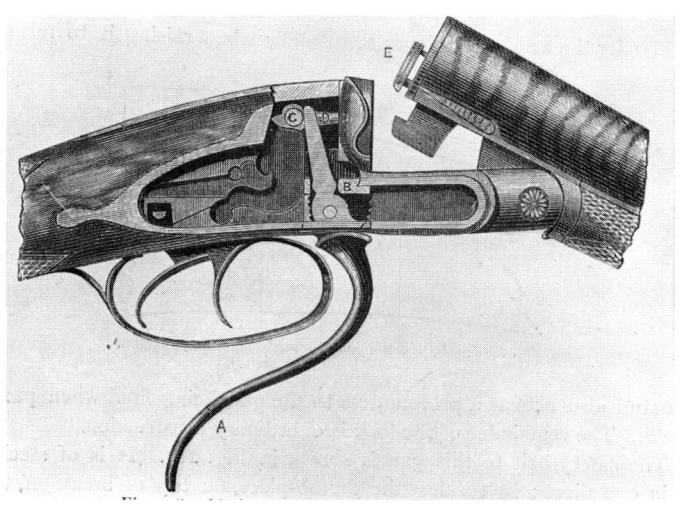

101

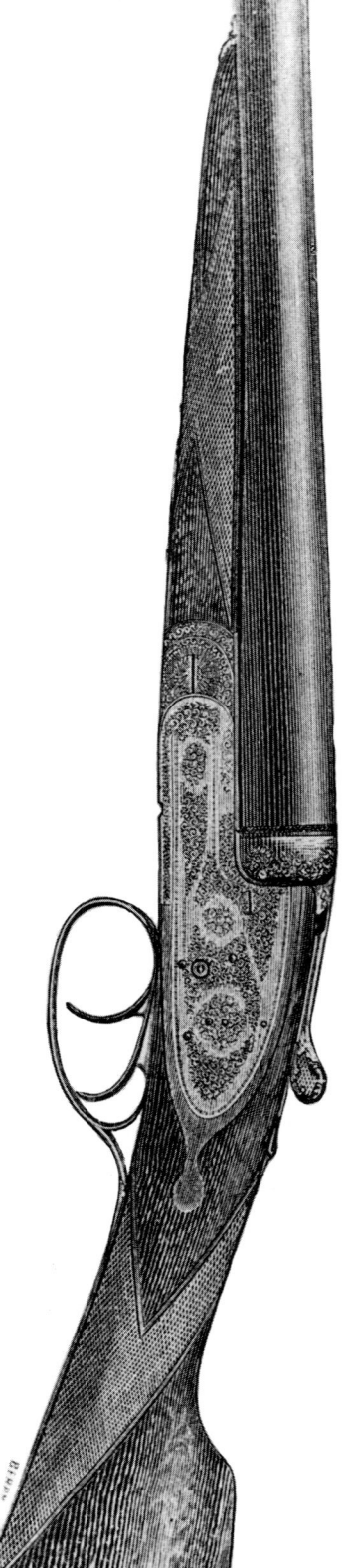

Gewehre waren gespannt, wenn sie geschlossen waren, so war eine zuverlässige Sicherung lebenswichtig. Die besten Flinten hatten eine Fallsicherung gegen unbeabsichtigtes Abfeuern bei einem Sturz.

Das hahnlose Gewehr hatte nun einen hohen Stand der Entwicklung erreicht, es blieb noch das Problem, dem Schützen das Herausziehen der abgeschossenen Patrone aus dem Auszieher abzunehmen. Der erste Auswerfer für Schrotflinten wurde im Jahr 1874 von J. Needham entworfen; nach Deeleys Ejektor von 1884 folgten manche anderen Systeme. In den 1890er Jahren wurde der Ejektor allgemein verwendet.

Keinesfalls alle Schützen waren sofort zum hahnlosen Gewehr übergegangen, gerade eine Zahl der bekanntesten, wie Lord Ripon, Lord Walsingham und König Georg V., behielten ihre Hahnengewehre bei oder ließen sich auch solche mit Ejektor von James Purdey in den 1890er Jahren anfertigen; diese hatten rückliegende Schlösser und Läufe aus Whitworth-Stahl [Bild 91].

Andere Schützen hatten ihre eigenen Ansichten über die Choke-Bohrung. Als diese zuerst aufkam, dachten sie nur an den Vorteil einer geringen Streuung auf weite Entfernung. Doch bald entdeckten sie, daß für den normalen Jagdgebrauch zu starke Choke-Bohrung entweder zu Fehlschüssen führte oder das geschossene Wild so mit Schroten spickte, daß es nicht mehr zum Verzehr geeignet war. Ein herkömmlicher Kompromiß war Zylinder- oder geringe Choke-Bohrung im rechten und stärkere Choke-Bohrung im linken Lauf. Der berühmte Schütze Lord Walsingham, der einmal im Jahr 1888 an einem Tag 1056 Moorhühner erlegte, benützte nur Hahnenflinten mit Zylinderbohrung.

In den Jahren nach 1880 begann man die schöngemusterten Damastläufe durch Stahlläufe zu ersetzen. Die besten waren aus Sir Joseph Whitworth's flüssig gepreßtem Stahl. Er war von hoher Qualität und so genannt, weil er in Barren gegossen und noch in flüssigem Zustand hohem Druck aus-

90 *(gegenüber)* Hammerless-Flinte von Purdey, 1886, mit der genialen selbstöffnenden Hammerless-Aktion von Beesley, 1880

91 Eine von Lord Ripons Hahnenflinten mit Ejektor, 1894, mit 30 Zoll langen Whitworth-Läufen

103

92 Aus „The Art of Shooting" von Lancaster.
In den Rüben querstreichende Hühner

gesetzt wurde um Blasenbildung beim Abkühlen zu vermeiden. Nach Einführung der Stahlläufe erkannte man bald, daß Lauf und Laufhaken zusammengeschmiedet werden konnten. Man nannte diese Läufe „Chopperlump barrels" und stattete die besten Gewehre damit aus.

Einige Büchsenmacher richteten Schießschulen auf ihren Schießständen ein, wozu die Konstruktion einer frühen Form von Taubenwurfständen die Möglichkeit gab. Die „Tontauben" waren noch nicht aus Ton sondern in Wirklichkeit aus Erdpech und ersetzten die früheren mit Federn gefüllten Glaskugeln sowie einige andere frühen Arten von Tonzielen.

Ein Pionier dieser Schießschulen war Charles Lancaster, der 1889 ein ausgezeichnetes und gut illustriertes Buch über die Kunst des Schießens verfaßte. Eine der Abbildungen zeigt Annie Oakley, die mit Buffalo Bills Wild-West-Show im Jahr 1887 nach London gekommen war, beim Tontaubenschießen mit Lancaster [Bild 93]. In einem Brief an diesen schrieb sie 1888:

93 Aus demselben Buch: 1889, Annie Oakley übt sich im Tontaubenschießen

Dear Sir – die vier hammerlosen Hinterladerflinten, die Sie für mich gebaut haben, sind nach meiner Meinung so vollkommen wie nur irgend möglich. Das Paar mit Kaliber 20 (Gewicht 5 Pfd., 2 Unzen) benütze ich nun fast zwei Jahre. Sie schießen wie neu und außer dem Reinigen der Schlösser war keine Reparatur nötig. Das Paar mit Kaliber 12 (Gewicht 6 Pfd.) ist ebenso gut. Seitdem ich sie benütze und nachdem ich von Ihnen einige Anweisungen auf Ihrem prächtigen Schießplatz erhielt, hat sich mein Schießen auf der Jagd so gebessert, daß ich auch auf hohe und schwierige Vögel gute Ergebnisse erziele.

Mit vielem Dank für die so hervorragenden Gewehre bin ich Ihre dankbare

Annie Oakley
(Little Sure Shot)

Bei den Jagdbüchsen hatte das Hinterladersystem auch das Problem gelöst, das Geschoß dicht in die Züge einzuführen. Beim Vorderlader war dies nur mit ziemlichen Schwierigkeiten möglich und immer mit dem Risiko, die äußere Form des Geschosses zu beschädigen. Nur wenige großkalibrige Büchsen mit Schlagstiftzündung waren angefertigt worden, hauptsächlich weil die Systeme starke Ladungen nicht aushielten [Bild 95]. Doch mit der Zentralfeuerzündung, der Patrone mit Messinghülse und dem starken Unterhebel mit Schraube stand der Entwicklung von zahlreichen Büchsen vom Kaliber 8 [Bild 96] bis zur kleinkalibrigen Hochgeschwindigkeits-Expreßbüchse nichts mehr im Weg. Auch einläufige Büchsen mit Kaliber 4 und ziemlich kurzem Lauf der besseren Handlichkeit und Balance wegen wurden gebaut. Doch die Tendenz ging zum kleineren Kaliber, zum längeren Geschoß und zur starken Ladung. Höhere Geschwindigkeit und damit Auftreffwucht glich die leichtere Kugel wieder aus. Großes Interesse bestand für Büchsen aller Art, und die Büchsenmacher waren ebenso erfinderisch in der Verbesserung wie bei der Flinte. So entstanden Präzisionswaffen, die ebenso leicht geladen werden konnten wie die Flinten und mit verschiedenen Verschlüssen wie Kipplauf-, Fallblock- und Martini-Systemen. Eine große Auswahl von Waffen von der schweren Großwildbüchse, der

94 Diana in Tweeds. Nur wenige Damen jagten damals, aber einige mit bemerkenswertem Erfolg

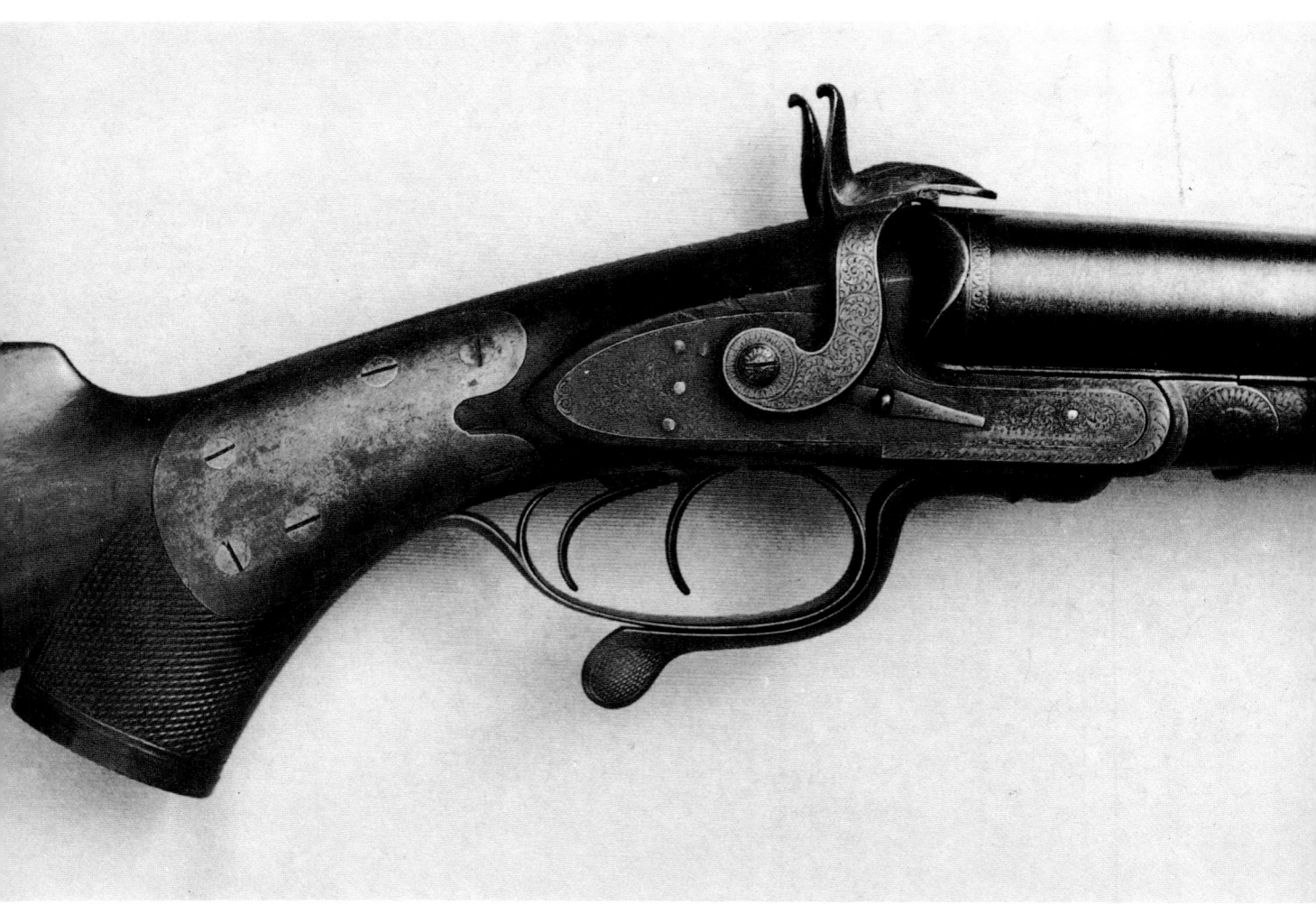

95 Zündstift-Doppelbüchse Kaliber 10
von John Rigby, London, Gewicht 11 Pfund

Büchse für Rot- und Rehwild bis zur zierlichen Raben- und Kaninchenbüchse standen dem Sportsmann zur Verfügung. Und dazu hatte er nun Patronen mit genau abgewogener Pulverladung.

Einer der letzten großen englischen Jäger, der noch Elefanten wegen des Elfenbeins und anderes Großwild für Museen jagte, war Frederick Courtney Selous. Er kam 1871 nach Südafrika und fand die meisten alten Jagdgründe bei-

nahe leer. Mit seinen Wagen zog er nordwärts auf der Suche nach den letzten großen Elefantenherden in Mashonaland. In einem Brief an George Gibbs, der Bakers erste Büchse gebaut hatte, schrieb er, daß die ausgezeichnete 0.461 Gibbs-Metford-Hinterladerbüchse die einzige gewesen sei, die er in den letzten zwölf Jahren in Afrika geführt habe. Überall, wo es Wild gab, gab es auch Sportsleute, die den Erfolgen der früheren Jäger nachzueifern suchten. Aber

96 Zentralfeuer-Doppelbüchse von Bonehill, Birmingham, Kaliber 8, um 1880, Gewicht 16 Pfund

nun verfügten sie über weit überlegene Waffen, hatten bessere Transportmöglichkeiten und konnten die Erfahrungen derer verwerten, die vor ihnen dagewesen waren. In Ostafrika lagen bis zum Zweiten Weltkrieg die besten Jagdgründe, es war das Feld der hochorganisierten und verschwenderisch ausgerüsteten Großwildsafaris. Welcher Kontrast zu den beschwerlichen Expeditionen der Jäger der Pionierzeit mit ihren Vorderladern.

97 Elefantengewehr Kaliber 8 und Patrone, 1880. Ladung der Patrone betrug 17,7 Gramm Schwarzpulver

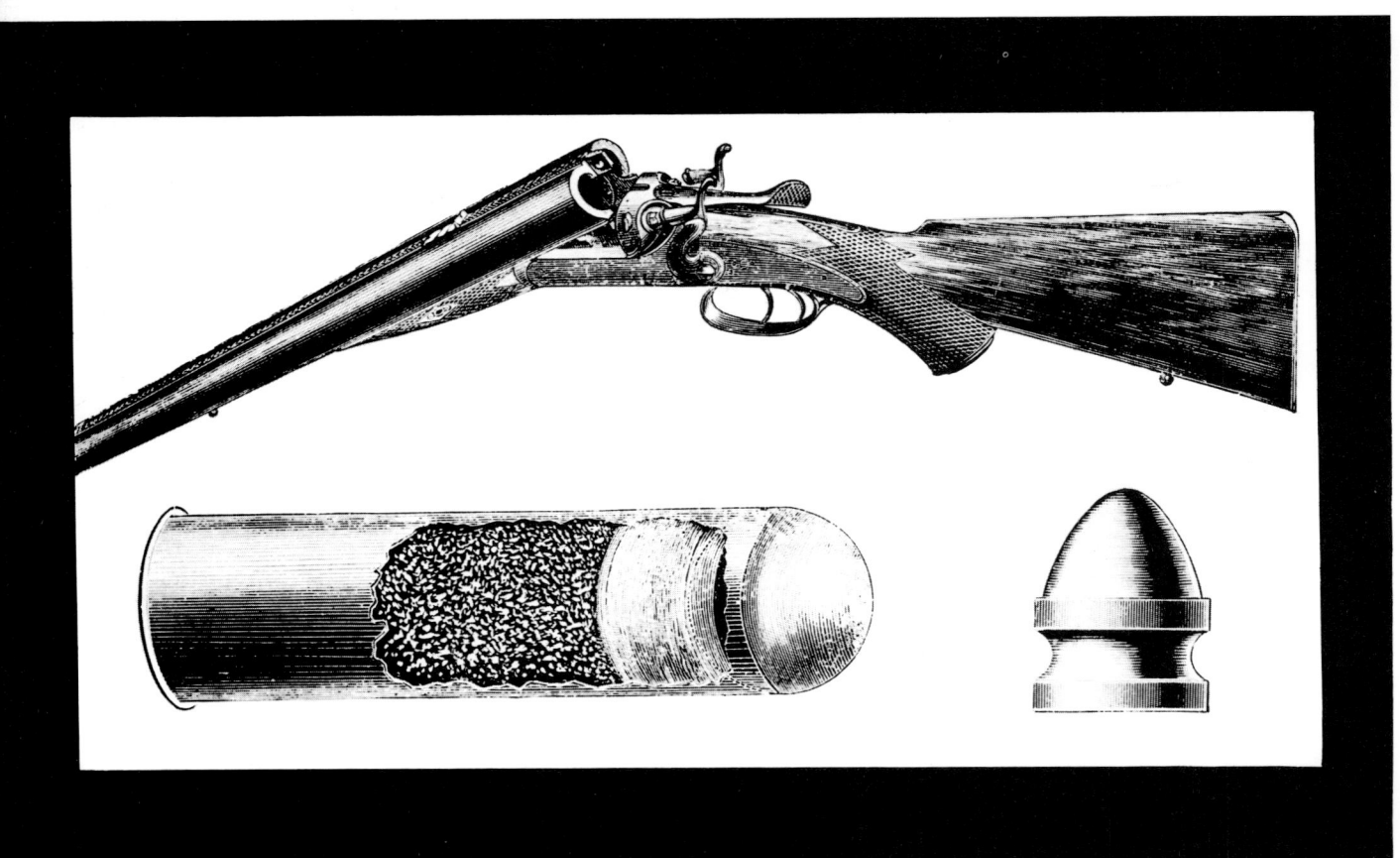

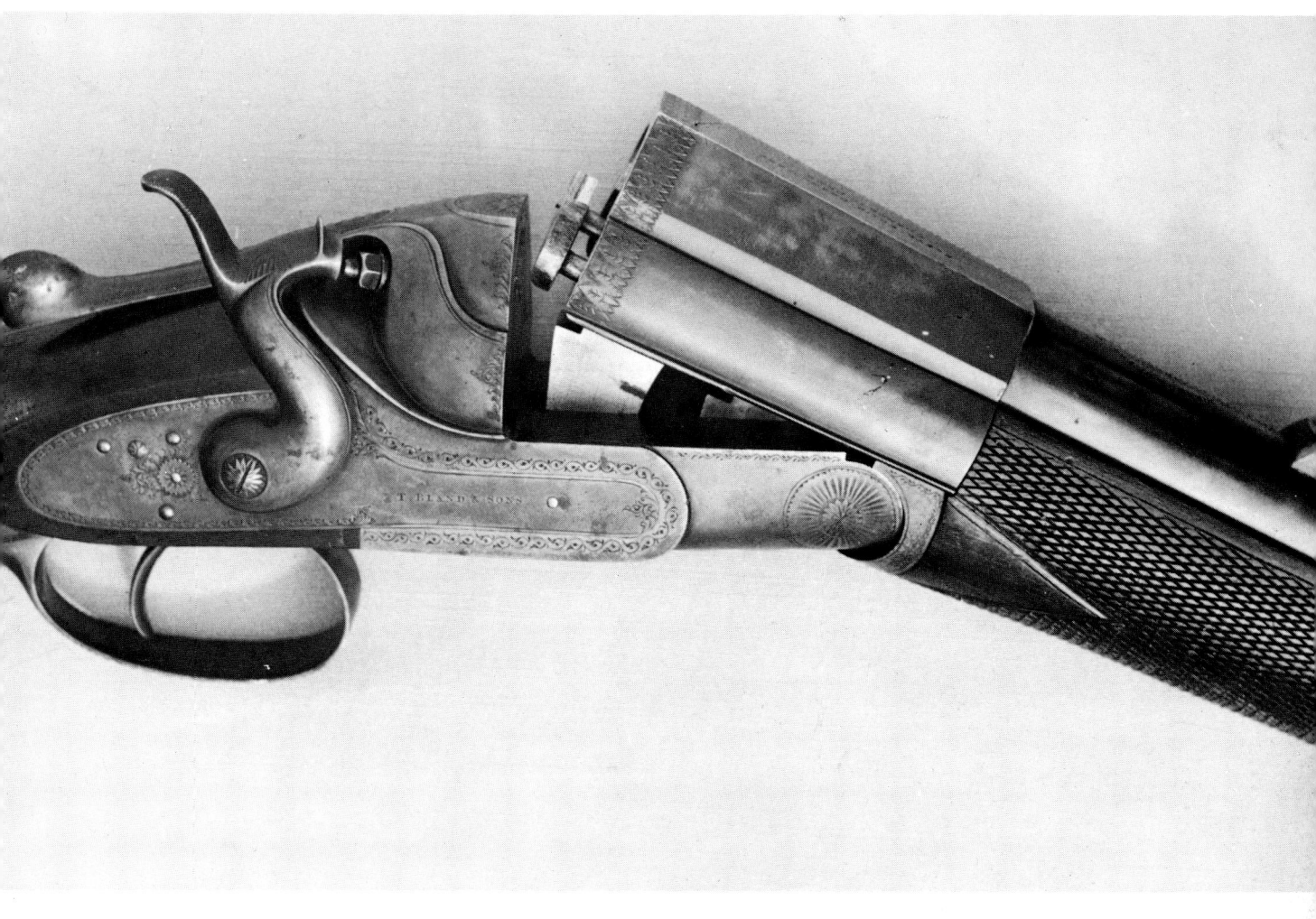

Die Einführung des rauchlosen Pulvers in den 1870er und 80er Jahren war ein wesentlicher Schritt in der weiteren Entwicklung. Nun konnte man gefährliches Wild in kritischen Momenten für den zweiten Schuß im Visier behalten, ohne daß Pulverrauch das Ziel verdeckte. Doch mit dem neuen Pulver mußten noch viele Erfahrungen unter den verschiedensten Bedingungen gesammelt werden. Einige Sorten erzeugten gefährlich hohen Druck, und manches Ge-

98 Dschungelgewehr Kaliber 8 von Bland, mit glatten Läufen, Ladung 17,7 Gramm Pulver

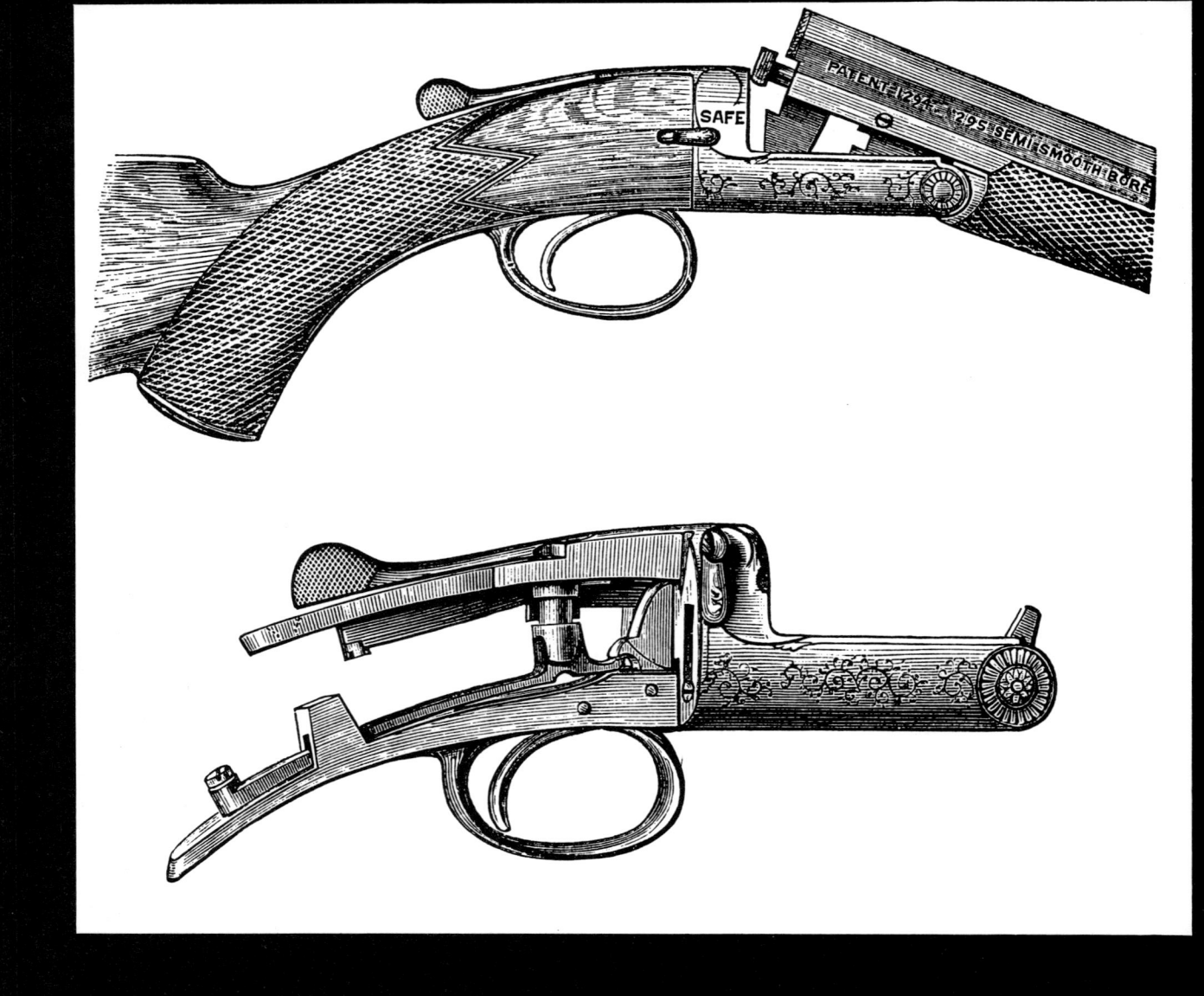

99 Hammerless-Rabenbüchse von Holland & Holland, um 1880.
Ein damals sehr beliebtes Gewehr

wehr barst, sei es wegen des Pulvers selbst oder wegen des veränderten Drucks unter anderen klimatischen Bedingungen. Oft mußte auch die Erfahrung lehren, daß die alten Regeln für Maß und Korngröße des Schwarzpulvers nicht mehr anwendbar waren.

Eine der sichersten und beliebtesten Sorten des frühen Nitropulvers war bekannt unter dem Namen Schultze nach ihrem Erfinder, dem preußischen Offizier Schultze. Es war

100 Entenjagd im Winter vom Flachboot (Punt) aus, um 1880

101 Flintenwechsel, um 1880

102 Sir Ralph Payne Gallwey,
Jäger und Schriftsteller, für die Entenjagd
ausgerüstet

auf Zellstoffbasis hergestellt und in der Wirkung etwa gleich wie die entsprechende Menge Schwarzpulver, was die Verwendung erleichterte. Gegen Ende des Jahrhunderts waren die Nitropulver genügend zuverlässig und gleichmäßig, um allgemein benützt werden zu können. Das Laden der Patronen überließ man am besten Spezialfirmen. Der große Jäger Lord Ripon ließ sich erst 1894 zum Wechsel von seinem geliebten alten Schwarzpulver Nr. 2 zum rauchlosen Pulver bewegen. Bis dahin hatte er gefunden, daß die Kraft und Zuverlässigkeit des Schwarzpulvers den etwaigen Zeitverlust bei der Abgabe des zweiten Schusses voll ausgeglichen hatte.

In Amerika hatte man sich der Entwicklung der Repetiergewehre zugewendet, die für die dortigen Verhältnisse an der Grenze geeignet waren.

Das Spencer-Repetiergewehr mit dem Magazin im Kolben wurde 1860 patentiert; es war eins der frühesten und erfolgreichsten Gewehre dieser Art. Dann folgten die Henry-, Winchester-, Colt- und Marlin-Repetiergewehre mit der bekannten Unterhebelaktion und dem Magazin unter dem Lauf. Manche wurden für jagdliche Zwecke konstruiert und genügten für schwächeres Wild in Amerika aber nicht für die Jagd auf das gefährliche Großwild Indiens und Afrikas.

Nachdem die Repetierbüchsen Erfolg hatten, wurde das System auch für Schrotflinten angewandt, z. B. das Spencersystem mit dem Magazin unter dem Lauf. Der bekannte Taubenschütze Dr. Carver demonstrierte die Leistung dieser Repetierflinten als er 1882 England besuchte. 1887 entstand die Winchester-Repetierflinte mit einer ähnlichen Aktion wie bei der Winchester-Büchse. Man hatte diese Repetierflinten besonders für die Entenjagd benützt. In England aber hielt man sie für unsportlich; sie war auch in Gesellschaft wenig beliebt, da man sie nicht geöffnet tragen konnte wie eine normale Flinte und so nicht sehen konnte, ob sie geladen und gespannt war.

103 Etikett für eine Gewehrschatulle
von Stephen Grant & Sons, London

Um die Jahrhundertwende entstand erneutes Interesse
für den Einzel-Abzugsmechanismus und eine Anzahl ver-
läßlicher Modelle wurde entwickelt. Bei den Doppelflinten
zog man nun wieder wie schon früher einmal das Bocksystem vor. Für die Jagd gewann die Bockdoppelflinte nur
begrenzte Popularität, um so mehr jedoch bei den Tontau-
benspezialisten. Seit dem Beginn des neuen Jahrhunderts
ging die Tendenz zum Bau leichterer Gewehre mit kürzeren
Läufen und zur vermehrten Verwendung von Präzisions-
werkzeugen in der Gewehrfertigung.

Es ist beruhigend zu wissen, daß es auch heute noch in
dieser Zeit der Massenfabrikation in London Meister ihres

104 Etikett von Boss & Co, London

Handwerks gibt, die ihren Ehrgeiz und ihr ganzes Können einsetzen um dem Jäger eine Waffe zu bauen, die allen seinen Wünschen und Ansprüchen gerecht wird, die nach seinem Körperbau geschäftet und nach seinem persönlichen Geschmack graviert ist [Tafel XXIV].

Zwei Weltkriege haben die Welt und damit auch die Auffassungen über jagdliches und sportliches Schießen verändert. Selbst wenn die Treibjagden der Vergangenheit wieder aufgenommen würden, mag man bezweifeln, ob die Rückkehr zu einem System begrüßenswert wäre, wobei privilegierten Schützen Rekordstrecken von Fasanen und Hühnern ermöglicht würden. Ist doch die Zahl derjenigen

117

105 Hammerflinte mit
Unterhebel und
Damastläufen
von James Woodward,
1875

106 Hammerless-
Taubenflinte
mit Ejektor und
Whitworth-Läufen
von J. Woodward, 1901

Jäger im steten Anwachsen, die mit kleiner Beute zufrieden sind und volle Befriedigung darin finden, durch Wald und Feld zu streifen und mit ihren Hunden das Wild selbst zu suchen oder auf einsamer Marsch auf den Einfall von ein paar Enten oder Gänsen zu hoffen.

Als Lord Ripon in seinen Erinnerungen auf die Zeit vor den luxuriösen Jagdpartien der Epoche Edwards VII. zurückblickte, dachte er an Männer, die begeistert in ihrem Sport oft schwere körperliche Leistungen vollbrachten und dabei mit einem Butterbrot zum Lunch zufrieden waren. Das waren, so meint er, bessere und gesündere Tage, und die jungen Männer waren härtere Sportsleute. Glücklicherweise schätzt man auch heute wieder harten Einsatz, und die Jäger haben wieder einen Blick für die Natur, der genauso zum wahren Jäger gehört wie seine Schießfertigkeit. Bemerkenswert und erfreulich ist das neuerwachte Bestreben, alte Jagdwaffen nicht nur zu sammeln, sondern mit ihnen auch zu schießen. Gibt es einen besseren Weg, ein Band zwischen den Jägern der alten und der neuen Zeit zu knüpfen und die besten sportlichen Traditionen weiter zu pflegen?

107 Moorhühner.
Sepiazeichnung von A. Thorburn, um 1880

108 Fasan, aus „Shooting" der Badminton Library, 1887

Literaturnachweis

MARKHAM, GERVASE. *Hunger's Prevention or the whole art of fowling by water and land*, London, 1621

COX, NICHOLAS. *The Gentleman's Recreation, London, 1674.* R. Blome's edition, 1686

MARKLAND, GEORGE. *Pteryphlegia, or The art of shooting flying*, Dublin und London, 1727

RIDINGER, JOHANN ELIAS. *Abbildungen der Jagtbaren Thiere*, Augsburg, 1740

Der Vollkommene deutsche Jäger, Leipzig, 1724

THORNHILL, RICHARD. *The Shooting Directory*, London, 1804

GENERAL HANGER, GEORGE. *To all sportsmen, farmers and game-keepers*, London, 1814

COLONEL HAWKER, PETER. *Instructions to young Sportsmen in all that relates to Guns and Shooting*, London, 1824 und spätere Auflagen

CAPTAIN LACY, *The Modern Shooter*, London, 1842

GREENER, W. *Gunnery in 1858*, London, 1858

WALSH, J. H. *The shot gun and sporting rifle, Stonehenge*, London, 1858

FOLKARD, H. C. *The Wildfowler*, 2. Auflage, London, 1864 und spätere Auflagen

BAKER, SIR, SAMUEL WHITE. *The Rifle and Hound in Ceylon*, London, 1892

GREENER, W. W. *The Gun and its development*, London, 1881, neun Auflagen

BADMINTON LIBRARY. *Shooting*, Band 1 und 2, 1885 und spätere Auflagen

LEVESSON, H. A. C. *The hunting grounds of the old world, The Old Shekarry*, London 1868

TEASDALE-BUCKELL. *Experts on Guns and Shooting*, London, 1900

NEAL, W. KEITH. *Spanish Guns and Pistols*, G. Bell and Sons, 1956

GEORGE, J. N. *English Guns and Rifles*, The Stackpole Co. Pennsylvania, 1947 und spätere Auflagen

NEAL, W. KEITH, and BACK, D. H. L. *The Mantons*, Herbert Jenkins, London, 1967

LANCASTER, CHARLES. *The Art of Shooting*, Atkin Grant and Lang Ltd, London, 1889, 13. Auflage, 1962

AKEHURST, RICHARD. *Game guns and rifles: percussion to hammerless ejector*, G. Bell and Sons, London

Exklusiv wie Ihre Leser: die Kunst

die Kunst

B 20365 E

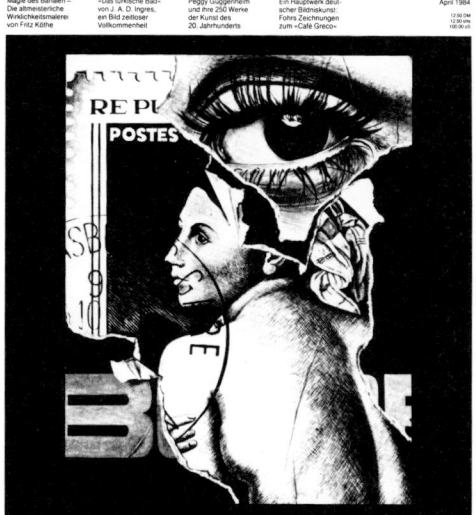

| Mage des Banalen – Die altmeisterliche Wirklichkeitsmalerei von Fritz Köthe | »Das türkische Bad« von J. A. D. Ingres, ein Bild zeitloser Vollkommenheit | Peggy Guggenheim und ihre 250 Werke der Kunst des 20. Jahrhunderts | Ein Hauptwerk deutscher Bildniskunst: Fohrs Zeichnungen zum »Café Greco« | April 1984 12.50 DM 12.50 sfrs 100.00 öS |

Name und Programm – Erfahrung aus gewachsener Tradition (DIE KUNST erscheint seit 1885).

die Kunst

informiert in großzügig, meist farbig illustrierten Beiträgen über alte Kunst, progressive Kunst, über Namen, Trends und Schwerpunkte , Ausstellungen und Auktionen – über alles, was die lebendige Kunstszene heute ausmacht.

Überzeugen Sie sich selbst: Verlangen Sie ein Probeheft! Auf Wunsch senden wir Ihnen auch gern das Verzeichnis des gesamten Verlagsprogramms.

 Karl Thiemig AG · Postfach 90 07 49 · D-8000 München 90

Service-Coupon   An Karl Thiemig AG · D-8000 München 90

Bitte schicken Sie mir

☐ ein Exemplar DIE KUNST als kostenfreies Muster

☐ ein Exemplar der neuesten Ausgabe und dann als Abonnement zum Vorzugspreis von DM 120,–/100,– ÖS (Einzelheft DM 12,50/1000,– ÖS) die weiteren Ausgaben DIE KUNST, zunächst für ein Jahr!

☐ Ihren neuesten Verlags-Katalog

_____
Name

_____
PLZ, Ort

_____
Datum   Unterschrift